JN107492

相手に「伝わる声」の出し方

株式会社エートゥーナンバーレコード　代表取締役
ATO ボーカルスクール　代表
田中直人

めざせ！

あさ出版

●テレビショッピング出演時、
1日で本人史上過去最高の2億7000万円を売り上げた！
平均売上は1日約7500万円のため、売上は3.6倍に！

●今までまったく通過したことがなかったのに、
かなり高倍率の面接を楽々通過！　内定をもらえました！

●プレゼンにて、ぶっちぎりの高評価を得て、有力な競合他
社を退け、みごと受注に成功しました！

●『THE カラオケ★バトル』（テレビ東京）にて、
カラオケマシン（AI）による採点の結果、史上初の100
点を獲得！　優勝しました！

●楽しみにしていたコーラスの練習がコロナ禍で中止になり、
みるみる元気をなくした90歳のお母様を心配した息子さ
んが、お母様にオンラインレッスンをプレゼントしたところ、
元気が出たどころか、とんでもなく高い声まで出るように。
なんと、90歳にして、1オクターブも上まで高音が出る
ようになった。

これらは、すべて私のレッスンを受けた生徒さん（クライアント／レッスン生）が実現した素晴らしい結果の一部です。

　さなぎから美しい蝶へと羽化するように、レッスンを通じて、努力して、〈本来の自分の力〉を発揮したのです。

　私は、大学３年生のときに所持金２万円で６畳のアパートにてボーカルスクールをはじめました。

　以来、ボイストレーナーとして25年。

　１万人以上の人々の「声」をレッスンし、その秘めたる力を開花させてきました。

　さて、私はいつも、〈あなたの声を大好きになること〉から、レッスンをはじめています。

　なぜなら、声はあなたそのものだからです。顔と同じように、声には人生すべてがつまっています。

　そして私は、レッスンが大好きです。

　生徒さんの声が大好きだからです。

　では、なぜ生徒さんの声が、大好きになれるのか。

　——私と一緒に〈世界で一つだけの自分の声〉を磨いていこうと決心してくれたからです。

　声を磨く。

　それは、自分の声を愛してあげることです。

今までよりも関心を持って、ケアしてあげることです。

自分の声が好きではないという人は多いです。
声の悩みをたくさん抱えている人も多いです。

そんな人がレッスンに現れたとき、私は喜びを感じます。
なぜなら、同じように悩みを抱えた1万人以上の方々を笑顔にしてきた経験から、その人もまた笑顔になってもらえるとわかるからです。

皆さん、自分の声がどんどん好きになって、自分の声をもっと大切にするようになります。
そして、自分の隠れていた魅力に気づきます。
だから私は、冒頭のような圧倒的な結果が出ることに対して、その努力にはつねに敬意をはらい、尊敬をもって見ていますが、もう驚きません。
声の悩みがスパッと解決することで、人生が豊かになったと、感謝の溢れる、たくさんのお手紙や喜びの声もいただきます。
そのたびに思います。
「私の生まれてきた意味は、これなんだな」と。
その感謝に触れて、最大の喜びを感じています。
むしろ、私の方がお礼をいいたい気分です。
それでは、私はどのようにして、「自分の声を好きではない人」や「たくさんの声の悩み」を、レッスンによって解決

してきたのでしょうか。

　その基礎的な部分を、できるかぎり文字とイラストで解説したのが本書です。

＊　　　＊　　　＊

　私はいつも、「ボイストレーニングに必要なのは、メンタル×フィジカル×テクニックの掛け算です」と生徒さんに伝えています。

　ボイストレーニングとは何でしょうか。
　勘違いされている方も多いのですが、ボイストレーニングは、単なる声のトレーニングではありません。
　あなたの今の声を理想の声にするトレーニングです。
　そこには「〈今のあなたの声〉というスタートライン」と、「〈あなたが理想とする声〉のゴール」が必要です。

　これを理解せずに声を鍛えようとすると、いくらトレーニングをしても目指すゴールにはたどり着くことができません。
　このスタートラインからゴールの間に横たわるギャップを埋めるのが、私のレッスンの特長です。

　そして、そのギャップには、〈心（メンタル）〉、〈体（フィジカル）〉、〈技（テクニック）〉の３つの階層があります。

★〈心（メンタル）〉

　メンタルは、〈感謝〉×〈自信〉×〈笑顔〉という構成で成り立っています。

　このトレーニングでは、自分の声に対する考え、声を出すときの気持ち、声との向き合い方を成長させていきます。

　そうして、〈世界で一つだけの自分の声〉を大好きになって、声を大切にするようになり、声に自信がつき、声が明るくなり、声に感謝するようになります。

★〈体（フィジカル）〉

　フィジカルは、〈呼吸〉×〈姿勢〉×〈支え〉という構成で成り立っています。

● 〈呼吸〉…… 身体全体で息を扱う、世界最先端の NY ブロードウェイ式呼吸。
● 〈姿勢〉…… 上半身の完全リラックスを作る、あなたにあった理想の声を出す姿勢。
● 〈支え〉…… 重心を落として、下半身をしっかり、インナーマッスルを鍛える支え。

　以上の３つを整えるトレーニングによって、あなたの声を理想的にするのに必要な身体を作っていきます。

★〈技（テクニック）〉

　テクニックは、〈音程〉×〈リズム〉×〈音量〉という構成で成り立っています。

　ボイストレーニングは、音域拡大に最大の効果が出ます。

1オクターブや、2オクターブ音域が広がることも、珍しくありません。音域が広がることで、声帯周辺の筋肉が覚醒し、苦手な音程もどんどん克服できます。

　リズム（速度）は、呼吸や筋肉、滑舌と連動して、頭と身体で鍛えていきます。トレーニングを通して、リズムを楽しめるようになっています。

　音量（声量）は、身体全体の5つの共鳴腔を使い、小さな声は大きく、大きな声は小さくすることを覚えることで、いつでも自由自在に声の大きさをコントロールできるようになります。

　以上、〈心（メンタル）〉、〈体（フィジカル）〉、〈技（テクニック）〉の3つのトレーニングによって、あなたの声をどんどん理想的な声に成長させていきます。

　その方法を本書にまとめました。

　ぜひ、楽しみながら読み進め、トレーニングをしていただければ幸いです。

Contents

Lesson **1**

その「声の悩み」解決できます！

Lesson 3

技（テクニック）
＝〈音程〉×〈リズム〉×〈音量〉
―― 無料アプリのみでできる！
効果的なトレーニング

さらに〈声〉に磨きをかけよう！

本文イラスト／あかませいこ

Lesson **1**

その「声の悩み」
解決できます！

その「声の悩み」、生まれつきではありません!

「声が低い」「かすれる」「すぐのどが痛くなる」「高音が出ない」「声質が悪い」「のど声」「声が硬い」「ずっと震える」「声変わりで違和感」「声が小さい」「キンキンする（金切声）」、「タバコやお酒で声がガサガサ」「声が通らない」「滑舌が悪い」「すぐ噛む」「こもる」「何度も聞き返される」——。

　レッスンに通ってきている私の生徒さんから聞いただけでも、声の悩みはその数50以上。

　どうやら、世の中の多くの方々が、声に対してさまざまな悩みを抱えているようです。

　そのせいで、「どうも自分に自信が持てない」「話すことにかなり抵抗がある」と、〝声〟の問題がさらに大きな問題へと波及している方もよく見られます。

　ただ、この〝声〟の悩みは、本書でこれから説明するトレーニングによって、かなりの確率で解決することが可能です。なぜなら、これらはほとんどの場合、生まれつきの問題ではないからです。

　たとえば、赤ちゃんが泣いているとき。

「声が小さいなー。もっと大きな声で泣いてほしい」とか、「声が通らないなー。もっと通る声でしっかりと泣き叫んでくれ」と悩んだ経験のある親御さんがいるでしょうか。

　まずないと思います。

　健康であれば、赤ちゃんはよく通る声で、大きな声で、ずっと泣いています。時と場合によっては困るぐらいにです。

　少なくとも、冒頭に並べた数多の「声の悩み」とは無縁でしょう。

　ただ、ほとんどの方が大人になるにつれ、声の悩みを抱えるようになるのです。

　ただし、声の悩みのほとんどは、生まれてからいままでの人生の中での、「声への負担」「間違ったケア」「間違った発声法」などによって引き起こされています。

「タバコやお酒で声がガサガサ」などは典型的な例です。

　そして、声の悩みのほとんどは、「正しいケア」などの知識を身につけ、本書で紹介する「声のトレーニング」を行うことによって、あっさり解決してしまうことも少なくありません。

「いい声」は好みの問題だが、「聞き取りやすい声」は万人に共通する

　ところで、世の中の人は身長や体重をはじめ、顔形もみんな違います。

　また、ヘアスタイルやお化粧、ファッションでおしゃれは作れますが、その〝おしゃれが何か〟は、それぞれの好みによるでしょう。

　声も同じことで、「この声、素敵！」「いい声！」は好みの問題です。しかし、「聞き取りやすい声」は万人に共通しています。つまり、誰が聞いても、聞き返したりする必要がないのが「聞き取りやすい声」といえます。

　たとえば、とくに声優さんなどがそうですが、声の好き嫌い（個性ともいえます）はかなりあるものの、誰が聞いても非常に聞き取りやすい声ですよね。

　アナウンサーさんや、ナレーターさんはいわずもがな。最近では、YouTuber さん にもその傾向が強いようです。

　タレントさんも「ボソボソ話す」といった個性を売りにされている方以外は、聞き取りやすい方がほとんどでしょう。

　あるいは「ボソボソ話している」ようで、しっかり聞き取れる声を操るツワモノまでいらっしゃいます。

　そして、本書が目指すのは、好みが分かれやすい「いい声！」

「好きな声！」「素敵な声！」ではなく、ご自身の声を活かした、誰もが聞き取りやすい声です。

　ただ、そう言うと「好きな声と聞き取りやすい声は違うのはわかりました。でも、私は自分の声が好きではないから自分の声を変えたいんです」と相談されることがあります。
　──「それは〈本当の自分の声〉を知らないからですよ」と私はお答えします。実際、ほとんどの方は「自分の本当の声」を知りません。

「自分の声なんて、いつも話しているから知っているよ」と思われるかもしれません。
　ただ、自分の声は骨伝導によって、自分に聞こえてきます。周りの人が聞いている、〈本当の自分の声〉を聞いているわけではないのです。
「いや、私はZOOMに録音した声を聞いています」「スマートフォンメモを取ってますから」という方もいますが、これも私からいうと、本当の自分の声ではありません。
　録音媒体から、再生された声だからです。

「じゃあ、どうやったら本当の自分の声が聞けるの？」と、いう話に当然なりますが、もちろん物理的には不可能です。
　ただ、最大限近づく方法として、レコーディングスタジオで、数十万円するコンデンサーマイクを使って自分の声を聞く方法が挙げられます。これが、あなたの声にもっとも近い

あなたの声が聞ける瞬間です。

　この方法で自分の声を聞いたとき、うっとりする人の多いこと、多いこと。「自分の声が嫌い」といっていた方も例外ではありません。

　本当の自分の声に出会うと、ほとんどの方は自分の声が好きになります。

　私からすれば、これ以外の声を聞いて、自分の声を嫌いになってほしくはありません。

　そうはいっても、「レコーディングスタジオで、数十万円するコンデンサーマイクで自分の声を聞く」ことはなかなか難しいでしょう。

　そこで、なるべく無音の響きの良い場所へ行き、スマートフォンなどで自分の声を録音したものを聞いて、〈自分の本当の声〉を把握してみてほしいと思います。

> 「スッと耳に入る」「聞き返されない」
> 「よく通る」声
> ＝ ナチュラルボイスを目指そう

　先程、赤ちゃんの泣き声について触れました。

　赤ちゃんの泣き声のような「スッと耳に入る声」「聞き返されない声」「よく通る声」。

　これこそが、本書で目指す〈ナチュラルボイス〉です。

　ただ、〈「スッと耳に入る声」「聞き返されない声」「よく通る声」＝ナチュラルボイス〉を出そうとすると、ほとんどの方が力んで硬く強い声を出しがちなのですが、それは〝逆〟です。

　人間の耳は、一部の例外を除き、硬く強い声を全力で拒否します。

　通常、そのような声は耳が〝敵〟とみなすので、できるだけ耳は閉じようとします。

　〈ナチュラルボイス〉の正解は、柔らかく、優しい声です。

- ●硬い ➡ 柔らかい
- ●強い ➡ 優しい

　いわれれば、あたりまえのように感じるかもしれません。

　ところが、「声を聞いてもらうため」となると、人は「硬くて強い声」を出してしまいます。

今までさまざまな場面で、「もっと大きい声を出せ」といわれた経験が一度や二度はあると思います。
　スポーツ系の部活ではとくにそういった場面があったのではないでしょうか。
　声の専門家からすれば、これは最悪といわざるを得ません。

「もっと大きな声」というと、前に、強く、硬く、大きく、叫ぶように、怒鳴るように、のどを閉めて、全身に力を入れて、のどに力を入れて、怖い顔をして──という、ナチュラルボイスを出すのとは、真逆なことを行ってしまいがちなのです。
　私の生徒さんの中には、スポーツ系の部活が原因でのどを壊して裏声が出なくなってしまった人までいました。
　でも、安心してください。しっかりと手順を踏むことで、声は取り戻せます。

　また、「声を出す」というと、前に声を出すと思っていませんか？
　しかし、ナチュラルボイスでは、後ろに声を出すというイメージが大切になります。
　なぜなら、声や息を前に出そうとするとムダな力が入ります。
　逆に後ろに声を出そうとすると、ムダな力が抜けるのです。
　人は声を出せといわれると、前にしっかりと息を吐きながら出そうとします。
　そうではなくて、ニュートラルな状態にしたいのです。

　息を吸って、吐いているだけという状況にしたいのです。

　息は勝手に前に行くので、あえて後ろに声を出すことによって、何もしない、ニュートラルな状態を作り出せます。

　ナチュラルボイスを出したときの体感は、何もしていないという感覚になります。

　これが正解です。

　何もしていない。

　ただ呼吸しているだけ。

　これがナチュラルボイスを出したときの感覚です。

　赤ちゃんは何もしていないのです。

　何もしないと身体の力が100％抜けて、声が最大限に響きます。

　大人になるとこうしなきゃいけないと考えて力が入り、ナチュラルボイスが出せなくなっています。

　そして、あとで説明する、〈呼吸〉〈姿勢〉〈支え〉を整えたうえで、何もしないと、最高に柔らかい、ふわっとしたナチュラルボイスが口の中に響きます。

　この声を手に入れれば、鬼に金棒です。

　ここまでのイメージを身体全体でつかめるようになりましょう。

　繰り返しになりますが、スッと耳に入る声は、柔らかくて、

優しい声です。

　〈あなたの本当に魅力的なナチュラルボイス〉はそのような声なのです。

　その原石は、すでにあなたの中にあります。

〈ナチュラルボイス〉は 誰もが出せるようになる

　では、〈ナチュラルボイス〉になるためには、どうすればいいのでしょうか。「聞き取りやすい声」「聞き取りにくい声」と聞いて、思い浮かぶのはどんな声でしょうか。

　ここで、テレビタレントさんのリアクションを思い出してください。
　めちゃくちゃオーバーですよね。なぜ、あそこまでやるのかというと、その方が声が聞き取りやすいからです。
　声が通り、ひな壇でも目立って、人気や笑いにつながるからです。

　くるくる変わる表情。
　過剰なまでのリアクション。
　突然すごい高い声を出す、低い声ですごむ。
　バーっと大きな声で怒り出す。
　小さな声でささやく、恥ずかしそうにすると思ったら、急に大きな声で「落ち」をいう。
　早いスピードで言葉をまくしたてると思ったら、落ち着いた低くゆっくりな声で、「心をつかむ」。
　無表情のまま、ただまっすぐに、同じ〈音程〉、同じ〈リズム〉、

同じ〈音量〉で声を出されたら、人はどう受け取るでしょうか。

　きっと何をいっているかまったくわからないでしょう。昔の自動発声装置みたいなものです。気持ちの込もらない聞き取りにくい、抑揚のない声で、笑いは取れません。

　裏を返せば、〈聞き取りやすい声＝ナチュラルボイス〉に必要なものも見えてきます。

　●体（フィジカル）
　　＝〈呼吸〉×〈姿勢〉×〈支え〉

次に、

　●技（テクニック）
　　＝〈音程〉×〈リズム〉×〈音量〉

を自由自在にコントロールすることが必要になります。

また、つい忘れがちですが、

　●心（メンタル）
　　＝〈感謝〉×〈自信〉×〈笑顔〉

も必要です。

　つまり、

〈ナチュラルボイス〉＝心（メンタル）×技（テクニック）×体（フィジカル）

　となります。ナチュラルボイスを作るには、〈心・技・体〉のピラミッドが必要なのです。

　あなたの周りの素敵な人も、この掛け算のスコアが高いと思いませんか。
　今度はあなたがその素敵な人になりましょう。

　本書では、体（フィジカル）＝〈呼吸〉×〈姿勢〉×〈支え〉について解説する Lesson 2 を皮切りに、Lesson 3 では技（テクニック）＝〈音程〉×〈リズム〉×〈音量〉についてご説明します。
　そして、心（メンタル）は本書を読み終わったときには自然と身についています。
　ぜひ Lesson 2、Lesson 3 と読み進めていただき、ご自身の〈ナチュラルボイス〉を引き出していきましょう。

なぜ、心（メンタル）が必要なの？

　先にも述べたように、ナチュラルボイスを作るには、〈心（メンタル）×技（テクニック）×体（フィジカル）〉のピラミッドが必要です。

　そのうち、〈心（メンタル）〉については、本書を読み終われば完全に身につきます。

　では、なぜ〈心（メンタル）〉は〈感謝〉×〈自信〉×〈笑顔〉で成り立つのか？

　このコラムで説明しておきたいと思います。

①感謝

　声は相手へのギフトです。

　声は聞いてくれる人へのおもてなしです。

　声だけで、人を支えて、癒して、救うこともできるのです。

　優しく、柔らかく、相手を喜ばせることに自分の最大のしあわせを感じる。この感謝の気持ちがあれば、良い声は出ます。

　逆に、感謝の気持ちがなければ、いくら技術を磨いても「声」はギフトになりえないのです。

②自信

　自信があることなら、人はとても格好良くこなせます。自信がないことは、あまりうまくいきません。

だから自信を持ちましょう。

　たとえば、「今日からボイストレーナー」という人と、「20年間ボイストレーナー」という人の最大の違いは何でしょうか。

　自信です。

　今日ボイストレーナーになった人は、まだ自信がありません。つねに緊張して、「ミスしたらどうしよう」「そもそも自分にできるのか？」と自信よりも不安を抱えながらボイストレーニングを教えます。私もそうでした。

　しかし、20年間ボイストレーナーを続けてきた人は自信があります。

　つねにリラックスして、「今日も良いレッスンをして生徒さんを喜ばせよう」「今まで自分にしかできないトレーニングによって、たくさんの人の声で結果を出してきた。今日も最高の結果が出せるだろう」と、ワクワクしながらボイストレーニングを教えられます。

　だから、自信を持ってください。

「自分の声は、自分だけのもの。自分の声は世界一なのだ」と、思ってください。

　自信を持つだけでも、「声」はぐんと変わってきます。

③笑顔

　笑顔でいること。どんなときも笑顔でいること。

　人はしあわせになるために生まれてきました。

笑顔になるために人は生まれてきたのです。

　しあわせを後回しにする必要はありません。今、笑顔で良いのです。
　今までで最高に楽しかったこと、これから起こりうるとっても楽しいこと。このワクワクを胸に今もこれからもずっと笑顔でいましょう。
　笑顔でいると、これから想像するとっても楽しいことがすべてその通りになります。
　人類は、未来を予測し、それを実現してきました。そういう能力があるから、世の中は少しずつ便利で住みやすくなってきたのです。
　それに、いつも不機嫌な人がそばにいるより、笑顔の人がそばにいるほうがいいですよね。
　笑顔は自分にとってはもちろん、相手に対しても必要不可欠です。

　過去の自分に微笑んで。
　未来の自分にエールを送って。

　そうすることで、表情が豊かになり、声もいい方向に変わっていきます。

＊　　＊　　＊

皆さん「声のトレーニング」と聞くと、どうしても「出し方」などのテクニックにかたよりがちになってしまいます。

　のどや声帯ばかりを大事にします。

　もちろん、それらが大切なのはいうまでもありませんが、今まで「声」によって人生をガラリと変えてきた人は例外なく、〈心（メンタル）〉をスタートとしています。

　何より、〈心（メンタル）〉が、もっとも結果をあげやすいのです。

　そのうえ、〈心（メンタル）〉の大切さは、「声」に限った話ではなく、さまざまなことの基本になります。

　何事も、基本をおろそかにしては、成果は望めないのです。

　今日から、笑顔を保ち、自信を持って、感謝する日々を送りましょう。

　そして、本書を通じて〈心（メンタル）〉をますます磨いていってください。

トレーニングをはじめる前に

　トレーニングをはじめる前に、まずは「今の自分の声」を録音してみましょう。

　名前と年齢、出身地、現在住んでいる所、職業や趣味、家族構成など、自己紹介を簡単に30秒ほど話し、それを録音します。終わったら、再生しながら、【図表1】に並べたポイントについてどう感じたか、簡単にチェックしてください。

　そうです！

　このチェックが、すべて真ん中の0＝〈ちょうどいい〉になったら、目指すナチュラルボイスはほぼ完成です。

　0＝〈ちょうどいい〉を目指していきましょう。

　そして今後は、トレーニングごとに、なるべく毎回自分の声を録音し、再生して、聞いて確認するのを習慣にすると、成果がより出やすくなります。

　「うまくできるようになったな」と思うようになったら、周りの人に聞いてもらうと良いです。

　ご自身に抵抗がなければ、YouTubeやInstagramで発表して、いろいろな人に採点してもらうのもいいでしょう。

　私の生徒さんには、毎日トレーニングを録画してはSNSに投稿していたところ、ファンが増えて、スカウトまで来た方もいらっしゃいました。

今の自分の声はどう？

●音程

| 高い | ちょうどいい | 低い |

5・4・3・2・1・0・1・2・3・4・5

●リズム

| 早口 | ちょうどいい | ゆっくり |

5・4・3・2・1・0・1・2・3・4・5

●音量

| 小さい | ちょうどいい | 大きい |

5・4・3・2・1・0・1・2・3・4・5

　今は、自分から発信できる便利な SNS などがたくさんあるので、楽しみながらどんどん自分を磨いていくといいかもしれません。もちろん、恥ずかしい方はムリせず、自分が楽しいと思える方法でどうぞ！

　つねに自分の声を録音して聞く習慣を身につけ、それを日常にすれば、いつの間にか骨伝導で聞こえる声よりも、外に出ている本当の自分の声を、発声時にイメージできるようになります。

トレーニングの進め方

- ☐ 記録（メモ）や録音は忘れずにしっかりとる。

- ☐ Lesson 2 のトレーニングは、いわば「準備運動」のようなものや、〈声〉に関わらず「やると気持ちがいいもの」も多いので、日常生活にうまく取り入れながら行うといい。

- ☐ 何より「楽しく続ける」ことが大事なので、ムリは禁物。
  焦らずトレーニングを進めていく。

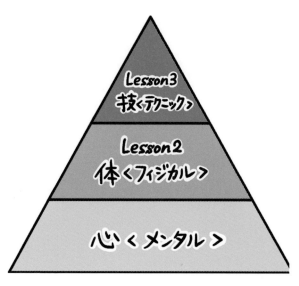

50音の発声

あ	い	う	え	お
a	i	u	e	o
か	き	く	け	こ
ka	ki	ku	ke	ko
さ	し	す	せ	そ
sa	shi	su	se	so
た	ち	つ	て	と
ta	chi	tsu	te	to
な	に	ぬ	ね	の
na	ni	nu	ne	no
は	ひ	ふ	へ	ほ
ha	hi	hu	he	ho
ま	み	む	め	も
ma	mi	mu	me	mo
や	-	ゆ	-	よ
ya	-	yu	-	yo
ら	り	る	れ	ろ
ra	ri	ru	re	ro
わ	-	-	-	を
wa	-	-	-	o (wo)
ん	-	-	-	-
n				

濁　音

が	ぎ	ぐ	げ	ご
ga	gi	gu	ge	go
ざ	じ	ず	ぜ	ぞ
za	ji (zi)	zu	ze	zo
だ	ぢ	づ	で	ど
da	ji (di)	zu (du)	de	do
ば	び	ぶ	べ	ぼ
ba	bi	bu	be	bo
ぱ	ぴ	ぷ	ぺ	ぽ
pa	pi	pu	pe	po

Lesson **2**

体（フィジカル）
＝〈呼吸〉×〈姿勢〉×〈支え〉

——身体をほぐし、姿勢を良くして、
　深い呼吸を

基本の三原則
〈呼吸〉×〈姿勢〉×〈支え〉

　それでは最初に、体（フィジカル）のトレーニングの要となる〈基本の三原則〉である、

　① 呼吸
　② 姿勢
　③ 支え

　をざっくりと説明します（【図表2-1】）。

〈①呼吸〉〈②姿勢〉〈③支え〉についての詳細なトレーニング方法については、今後この章で紹介していきますが、まずは「だいたい、こんな感じなのかな」とイメージしてみてください。

① 呼吸
　これがなければ生きていけません。あたりまえにしてはダメです。
　もっとも大切なことなのに、あたりまえだと思っているので、おろそかになりがちです。
　普段の呼吸は浅い胸式呼吸でもいいのですが、声を出すと

図表 2-1

基本の三原則

❶呼吸
あたりまえにしてはダメ。
とにかく深い呼吸を心がける。

❷姿勢
上半身は完全リラックス。
両肩を上げて、つま先を上げて、
両方同時にストンと落とすと力みが抜ける。
ストレッチを習慣にする。

❸支え
体重（重心）をしっかりと足元に落とし、
下半身でどっしりと支える。

※木のように、自分の足元から地面の奥ま
　で根っこが生えて、どっしりしているイ
　メージを持つ。

きは深い腹式呼吸が向いています。このスイッチを入れましょう。

　もっというと、普段の呼吸も腹式呼吸に変えてしまいましょう。

　そのためのトレーニングはのちほどご紹介します。

② 姿勢

　楽器をみてください。猫背だったり、極端にふんぞり返っていたり、姿勢の悪い楽器はありますか？

　楽器はどれも姿勢＝形（ボディ）がとてもきれいです。でも、人間はいろいろな姿勢の人がいます。

　実は、その姿勢で声は変わってきます。楽器のボディと同じだからです。

　さらに姿勢はスピーカーでもあります。スピーカーもまっすぐきれいですよね。

　人の姿勢もまっすぐきれいであることが〈ナチュラルボイス〉の絶対条件です。

　曲がっていると、曲がっている音が出ます。呼吸、声帯、共鳴腔すべてに影響が出ます。

　そこで、正しい姿勢を作るためにストレッチトレーニングと表情筋トレーニングを行います。

　とくに表情筋は音が出る重要な部分であり、姿勢の司令塔です。

③ 支え

　声を出すときには、深い呼吸をしながら、上半身が完全にリラックスした状態で出します。

　しかし、これだけではペラペラな声が出るだけです。

　顔や胸から上だけで話していると、聞き返されることがどうしても多くなります。

　聞き返されない声になるためには、重心を落として、インナーマッスル（体幹）を含めた下半身で、しっかりと身体を支え、声を出す必要があります。

　お腹に口があるイメージです。身体全体を響かせて声を出すように意識しましょう。

　この感覚がつかめてくると、声は勝手に鳴りはじめます。さらに声を出すとき、全身が鳴るようになります。

　私は先日、スタジオモニター用に一番良いスピーカーを買いました。

　1台7.5万円で、ペアで15万円くらいでした。

「世界一といわれている割には安い」と安心しました。

　スピーカースタンドの話が出るまでは……。

「スピーカースタンドはおいくらですか？」と聞いたら、なんと1台10万円、ペアで20万円といわれたのです。

　良い音には、スタンドの方が大事だとは知りませんでした。

　このエピソードでわかるように、良い音には支えが必要です。

　人間の場合、スピーカースタンドに該当するのは下半身です。

下半身の支えをしっかり使えるようになると、声が違ってきます。

　下半身で支え、重心を下げて、お腹で話す。

　そのために下半身をしっかりと鍛えていきましょう。

　それでは体（フィジカル）の基本を押さえたところで、次の項目からは、私が普段行っているレッスンと同様に、〈ストレッチ〉〈呼吸〉〈表情筋〉の順番で、トレーニングを進めていきましょう。

どっ　　　しり.

〈声〉にも
ストレッチが必要です！

この項目では、聞き取りやすい声になる〈魔法のストレッチ〉をご紹介します。

皆さんは、いま、〈ナチュラルボイス〉を出すことが、難しい状態になっています。

日常生活で、身体はどんどん固くなり、どんどん閉じ、どんどん縮こまってしまっているからです。

このままでは、声を響かせることができません。

身体が固く閉じて、縮こまっていては、声は出ないのです。

三原則のうちの〈姿勢〉と〈支え〉も、固く閉じて縮こまった身体では、なかなかうまくいきません。

逆に、身体が柔らかく、開いて、伸びていると、声が出ます。〈姿勢〉と〈支え〉ももちろんうまくいきます。

そして、この状態はこれからご紹介する〈美声ストレッチ〉で作ることが可能なのです。

それでは、憧れの声になれる〈美声ストレッチ〉を解説していきます（【図表2-2】）。

憧れの声になれる美声ストレッチ

〈注意点〉

※ストレッチ中、息を止めてしまわないように。必ずゆっくりと大きく息を吸い、ゆっくりと大きく息を吐きましょう。

どのストレッチにおいても、呼吸を止めてはいけません。

大きな呼吸は最重要ポイントです。

※いずれのストレッチも、まずはリラックスしてまっすぐ立つことからはじめます。

立ち方については、【図版 2-1】(p41) を参照してください。

1．肩甲骨剥がし

❶リラックスしてまっすぐ立つ。

❷できるだけ大きく、できるだけゆっくり、クロールをするように肩を動かす。
　※肩甲骨を剥がすように、ほぐすように。

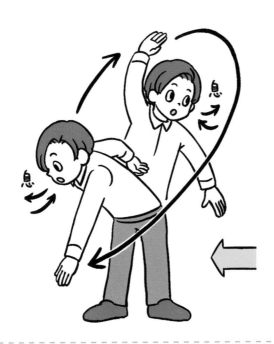

❸閉じている身体を開くように、縮こまっている身体を伸ばすように、固い身体を柔らかくするように、イメージしながら肩を動かし続ける。

　＊肩甲骨が気持ち良くほぐれて、リラックスできたらＯＫです。

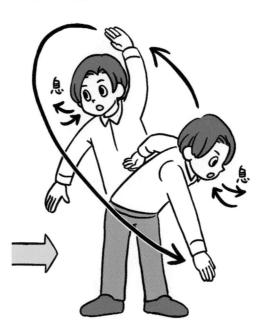

2. 肩甲骨寄せ

❶リラックスしてまっすぐ立つ。

❷できるだけ大きく、できるだけゆっくり背泳ぎを
するイメージで肩を動かす。
　※肩甲骨を寄せ、大胸筋を開き背筋を伸ばすよう
に、ほぐすイメージで。

❸閉じている身体を開くように、縮こまっている身体を伸ばすように、固い身体を柔らかくするように、イメージしながら肩を動かし続ける。

＊胸が開き、背筋も伸び、肩甲骨が最高に気持ち良くほぐれて、リラックスできたら OK です。

3. 首筋伸ばし・首回し

❶リラックスしてまっすぐ立つ。

❷頭を軽く持って右の首筋をゆっくりかるーく伸ばし、次に同じようにして左の首筋をゆっくりかるーく伸ばす。

※首は繊細な部位なので、できるだけ軽く、弱く行う。

❸ 360 度を見るようにしながら、できるだけ大きく、ゆっくり首を右に1周まわす。

❹ 最後に同じように首を左に1周まわす。

＊首の力がすべて抜けて、リラックスできればOK
　です。

4. 上半身脱力

❶ リラックスしてまっすぐ立つ。

❷ 前屈のような感じで、上半身を完全に脱力する。
　※床に手をつけようと必死にならずに、手をだらーんとさせて、呼吸しながら気持ち良くリラックスする。

❸ 「肩甲骨の間に空気が入ってきて気持ち良いな」と感じたら、その状態のまま、左に右にダラダラ揺れて、上半身を完全にリラックスさせる。

　＊この「上半身完全リラックス」の感覚を身につけましょう。

この〈美声ストレッチ〉を行ったあとは、身体が軽くなり、呼吸が楽に入ってくるようになり、ポジティブな気持ちになり、声を出したくてしょうがなくなります。

　このようになれば、美声ストレッチを100％マスターしたことになります。

- 朝起きたときにやると、目が覚めて、素敵な一日を送ることができます。
- 仕事で少し疲れたときに行うと、身体がリセットされて、新しい発想がわいてきます。
- お風呂の中で行うと、リラックス度がＭＡＸになって、幸福度もＭＡＸになります。
- 夜寝る前に行うと、身体が喜んでリラックスし、良い夢を見ることができます。

　美声ストレッチは、〈声〉の効果にとどまりません！

　ぜひ、自分のルーティーンの１つにして、できるだけ毎日行いましょう。

「呼吸」を制する者が
「声」を制する

　声を極めるためには、呼吸を整えることが必要です。

　なぜなら、声は呼吸でできているからです。

　声とは何でしょうか。空気の振動ですね。人が空気の振動を起こすためには何が必要でしょうか。

　そうです。呼吸です。息は声のガソリンです。息が声そのものです。息がなければ声は出せません。

　〈声＝呼吸／声＝息〉と考えていいと思います。

　しかし、レッスンのときに生徒さんが一番軽んじているのも呼吸です。だから、いつも私は口を酸っぱくしていいます。「呼吸が大事」「呼吸が……」「呼吸……」——と、頭を押したら同じことばかりいう人形のように。

　声には呼吸が大事です。〈呼吸を制する者が声を制する〉のです。

1. 呼吸が整い安定することのメリット3つ

　では、呼吸が整い安定することで、具体的にどんなメリットがあるのでしょうか。

①声量が上がる

　人は呼吸をしています。恵まれたことに、自然にずっと呼吸をしているのです。

　呼吸するのはあたりまえのことで、さらに多くの人が浅い呼吸をしています。日常生活の中で、ゆっくりと深い呼吸をする必要がないからです。浅い呼吸の方が、楽に生きられるような生活をしています。

　しかし、声のためには、深い呼吸に変えましょう。

　もともと人間は腹式呼吸ができる身体を持っています。元に戻すだけなので、そんなに手間はかかりません。

　それから、音量（声量）も、当然ながら息の量で決まります。正しく発声したとき、音量（声量）＝息量はほぼイコールです。

　ですので、しっかりとした音量（声量）を出すためには呼吸が必要です。

②震えのないまっすぐな声が出せる

　声が安定しない人の多くは、声が震えてしまうことに原因があります。

　声をまっすぐ安定させるためには、呼吸の安定が不可欠で

す。呼吸が安定することで音程が安定し、音域が拡大します。

③リズムが安定する

　スタッカートや、早い言葉、またゆっくり話すリズム（速度）。
　これはすべて呼吸の段階で生まれています。リズム（速度）
を作り出すのは、吸った息をキープしている横隔膜であり、
インナーマッスルです。
　リズム（速度）の安定は呼吸が安定することで、実現でき
るのです。

　ここまで読み進めてくださった方は、お気づきになられた
かもしれません。
　呼吸は Lesson 3 でトレーニングをする、

　技（テクニック）
　＝〈音程〉×〈リズム〉×〈音量〉

のすべてのカギにもなっています。
　声を極めるためには、呼吸を整えることが必要であり、呼
吸は発声における重要な要素といえるのです。

2．世界に通用する究極の呼吸法とは？

　この項目では、世界に通用する究極の呼吸法──〈ＮＹブロードウェイ式の呼吸法〉をお教えします。

　難しそうだと思うかもしれませんが、このトレーニングは大事なので必ず行います。

　私は２歳から90歳を超える方まで、幅広くレッスンをしていますが、すべての方にこの呼吸法を教えています。

　ですから、「自分にできるだろうか？」などと心配する必要はありません。

　この呼吸法に出会えたことに、最高の喜びを感じましょう。

　身につければ、あなたの声が最高に輝く世界一の呼吸をマスターしたことになります。

　さらに、正しい呼吸法は、さまざまなうれしい変化をもたらしてくれます。

　●声帯に優しい

　●代謝が上がって、痩せる

　●ストレスが解消できる

　さらに、とても気分が良くなります。〈深呼吸の中の深呼吸〉ともいえるからです。良いことづくめです！

　そんな理想的な呼吸法を解説していきます。

① 300%ブレスアウトトレーニング

「声を出すときは、普段とは呼吸を変えます」

　はじめてのレッスンの最初に、生徒さんにそう伝えます。
　皆さん目から鱗が落ちているようです。
「お芝居をやるわけでは……」「声楽を学びたいわけでは
……」と、いわれてしまうこともあるのですが、繰り返します。

「声を出すときは、普段とは呼吸を変えます」

　皆さんの普段の呼吸はやはり浅いのです。
　たとえ普通の会話であろうとも、声を出すときには深い呼吸
が必要です。多くの方の普段の呼吸とはまったく違うのです。
　そのため、私のレッスンでは、まず生徒の皆さんに、声を
出すときの深い呼吸を体感していただいています。
　皆さんも、【図表2-3】(p62) を、ぜひ実際にやってみて
ください。

声を出すときの深い呼吸とは？

❶ 身体中にある息を 100％すべて吐ききる。

❷ まだ残っている息を探して、またまた 100％吐ききる。

❸ 200％吐ききったら、身体全身を使って、倒れ込むようにしながら、残っている息を見つけて、さらに 100％息を吐ききる。

――いかがでしょうか。

すべて吐ききって、今やっと身体に何も息がなくなりました。

さあ、どうぞ息を「吸ってください」。

おそらく、300％を吐ききる前に吸った人も多いのではないでしょうか。

そして、息を吸おうとしなくても、勝手にドカンと大きな息が入ってきたと思います。これが深い呼吸です。

深い呼吸とはこのくらい深いのです。

「一瞬で息が入ってきた」

この感覚です。

「息を吸うことが苦手です」という人も多いのですが、息を吸おうと考えると難しいのです。

息を吐こう、吐ききろうと考えましょう。

　自分の中の息を全部吐ききること。それだけで、呼吸法をマスターするヒントが見えてきます。

　息を吸うことよりも吐くことの方が重要だからです。

　しっかり吐ききっていれば、身体は勝手に深い呼吸をしてくれます。

　ちなみに、皆さんが普段100％と思っている息の深さは30％ほどでしかありません。それくらい、呼吸が浅いのです。

　体感で300％にも思える呼吸が、〝本当に〟深い呼吸です。全身限界の呼吸です。

　さて、ここまで準備ができたら、いよいよＮＹブロードウェイ式の呼吸法トレーニングをはじめます！

②ディープブレストレーニング

　さて、お待ちかねの〈NY ブロードウェイ式の呼吸法〉ですが、注意があります。

　このトレーニングは、自分の限界に挑戦するトレーニングのため、本場 NY ブロードウェイでは、やりすぎて救急車を呼ばれる人もいます。皆さんも慎重に行ってください。

　気分が悪くなったり、酸欠になったり、クラっとしたら、絶対にムリをしてはいけません。座ったり、横になったりして休みましょう。

　それでは、はじめていきましょう！

ディープブレストレーニング

❶ 息をすべて吐ききる。

❷ リラックスしてまっすぐ立つ。

❸歯医者さんで麻酔を打たれたときのように、口はだらーんと半開きに。

❹鼻をメインに鼻70%・口30%のイメージで、息を吸う。このとき、お笑い芸人キャイーンさんの決めポーズ「キャイーン」のように、腰を丸め、おしりを後ろに引いていきながら、両足のかかとに体重をかけて、両手を前に出し身体を前に倒していく。
腰がタンクになったイメージで、息を入れていき、腰のタンクを息で一杯にする。

❺背中の真ん中を開くイメージで背中のタンクに息を入れていき、一杯にする。

❻肩甲骨を開いて、肩甲骨のタンクに息を入れていき、一杯にする。

❼肩のタンクを開いて、息を入れていき、一杯にする。

❽首のタンクを開いて、息を入れていき、一杯にする。

❾顔のタンクを開いて、息を入れていき、一杯にする。

❿目のタンクを開いて、息を入れていき、一杯にする。

⓫頭の上にある息を入るぞ、入るぞ、入るぞと３秒粘って息を入れ、もう完全にこれ以上息が入らない状態になったら、口は半開きのまま、のども息を吸っているときと同じく開いたままで、ゆっくりと身体を起こす。

⓬起き上がったら、脱力しながら身体全部を開いて、一瞬で全身の息を排出する。

＊以上をゆっくり６回行う。

できましたでしょうか？

　これがNYブロードウェイ式の呼吸法です。ずっと歌って踊り続けるための究極の呼吸法です。

　この呼吸トレーニングが終わったときに、身体の中の汚れた空気がすべてなくなり、身体全体が新鮮な空気で満たされた気分になれば合格です。

　プロは、1回息を吐ききってから、吸って、吐くまでに10秒ほどかけて、これを1日6回3セットやりますが、まずはこのトレーニングに慣れることが大事です。

　最初にも注意を促しましたが、くれぐれもムリをしてはいけません。

　では次は、ディープブレストレーニングをアレンジした〈スピードディープブレストレーニング〉を行います。

※尚、すべてのトレーニング名と内容は、私が日本人向けにアレンジしたオリジナルです。

③スピードディープブレストレーニング

〈スピードディープブレストレーニング〉は、言葉の通り、先ほどゆっくりと確認しながら行った呼吸法を、スピードを上げてトレーニングするものです。

　実際に言葉を話すとき、ゆっくりと呼吸する時間はありませんよね。そこで、ゆっくりと深い呼吸で行ったことを、早く行えるようにするトレーニングです。
　ディープブレストレーニングが1回息を吐ききってから、吸って、吐くまでに10秒ほどかかったのに対し、このトレーニングでは、1回を1秒で行います。

図表2-5

スピードディープブレストレーニング

❶リラックスしてまっすぐ立つ。

❷息をすべて吐ききる。

❸先ほどのキャイーンのポーズをしながら、鼻70％・口30％のイメージで一瞬で背中に息を入れる。

❹身体を起こして息を吐ききる。

「厳しそう‼」と思われるかもしれませんが、むしろディープブレスができていれば、スピードを上げるだけですから「簡単！」という人も多いです。

　感覚としては、ディープブレスが歩きで、スピードディープブレスが走っている感じです。

　ディープブレスは１回の呼吸で10秒、スピードディープブレスは１回の呼吸で１秒——つまり10倍の密度が必要です。

　これを繰り返します。

　プロは１秒に１回ずつ合計10回を３セット行いますが、はじめは、かなりきついと思います。

　絶対にムリしてはいけません。

　慣れてきたら、５回ぐらいからはじめて、徐々に10回までできるようになれば十分だと思います。

　じっくりと、１ヶ月半続けると、自分の呼吸が別物になり、深い腹式呼吸が身につくようになります。

　また、このトレーニングをやったあとは、身体全体に新鮮な空気が入り込み、リフレッシュされた感覚になります。

　身体全身の血がきれいに入れ替わったような、身体全身の水がきれいになったような、全身の空気がきれいになったような感じです。

　ワクワクしながら、ムリせず楽しみながら行いましょう。

表情筋は声を作る「司令塔」

　表情筋はなんと約60種類もあるといわれています。

　しかし普段は25％くらいしか使っていないそうで、つねに75％の表情筋は使われないまま衰えているといいます。

　表情筋を鍛えると、肌がきれいになり、顔のしわが減り、顔が小さくなって、声も良くなります。控えめにいって、最高ですね。もう鍛えない理由が思い浮かびません。

　表情筋は声を作る司令塔であり、リーダー的な存在でもあります。それはなぜでしょうか。

　表情筋を鍛えることで、「聞き取りやすい声」になる秘密をここでいくつかお話しします。

①母音が聞き取りやすくなる

　母音とは「あ、い、う、え、お」のことです。

　母音は口の中で作ります。口の中は、表情筋を鍛えることによって、スムーズに動かせるようになります。

- ●息と声の成分のバランスが最高な声の基準となる「あ」
- ●上の歯の裏に息をあてて、発声する口を横に広げて力んではいけない「い」

- 口を突き出して、奥行きを作って発声する「う」
- 〈あ〉の口のまま、舌を少し前に出して、優しく発声する「え」
- やはり口を縦に空けて、奥行で発声する「お」

表情筋と舌で、理想的な母音発声のための口の中を作ります。

②子音が聞き取りやすくなる

子音とは例えば「か行」であれば、ka、ki、ku、ke、koの「k」の部分です。

これも口の中で作ります。母音と同様、表情筋と舌によって、聞き取りやすい声を作っていきます。

③共鳴腔をうまく使えるようになり、聞き取りやすくなる

表情筋を使うことで、共鳴させる場所をいろいろとコントロールできるようになります。

人には、5つの共鳴腔があります。

呼吸による息が声帯を振動させ、この声帯振動によって声が生まれますが、この音は蚊の鳴くような本当に小さな音量です。

この音を響かせて大きくするアンプとスピーカーのような役割を持つのが共鳴腔です。

　そして、声を作るうえでとくに重要なのが、鼻腔・口腔・咽頭腔です。

　それぞれ読んで字のごとく、

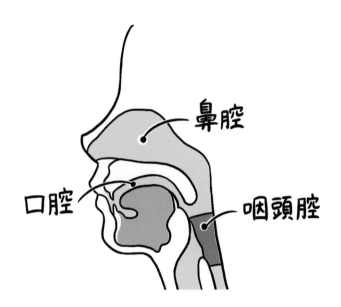

- 鼻腔／鼻の響き
- 口腔／口の響き
- 咽頭腔／咽頭の響き
　（※口と鼻にたどり着くまでの場所を指します）

であり、この３つの共鳴腔の鳴らし方のバランスを、表情筋でコントロールできるようになります。

　以上の理由から表情筋は、声を作る司令塔のような存在ということになります。

1．声は〈表情1ミリ単位〉の違いで変わる

　自信のない表情で、自信のある声が出せるでしょうか。笑顔で怒った声は出せるでしょうか。

　表情を伝えるために声があります。声を伝えるために表情があります。

　表情筋を鍛えれば、声の司令塔が成長します。良い表情をすると良い声が出ます。

　最重要なのは顔の位置です。声を出すときの正しい顔の位置がわかりますか？

　それは最奥──身体の一番奥、つまりはお腹から顔までがまっすぐにつながる位置です。顔を前に出して声を出すのはNG です。

　一度やってみましょう。

「おはようございます。本日もよろしくお願いいたします」

　まず顔を思いっきり前に出して発声し、次に顔を最奥にして発声してみてください。声の違いに驚いたと思います。

　試しに真上を見て声を出してみてください。やはり良い声は出ませんよね。

　顔の位置は次のように調整しましょう（【図表 2-6】）。

　これが、顔の位置が正しい発声です。

　顔の位置、あごを引く角度、上あごを縦に開けるスピード、開いた口の容積と形など、実は１ミリ単位で声が変わります。

録音、再生を繰り返して、自分の一番良いフェイスポジションを見つけましょう。

　お笑いコンビのテツ and トモさんにボイストレーニングしたときのことです。

　テツさんはご自身の芸風で、つねにカメラに向かって顔を前に出していましたが、引っ込める瞬間、ものすごい勢いでいい声が出ていました。

　ところでなぜ、顔を最奥にして、あごを引いてから発声するのでしょうか。

　それは、軟口蓋がすべての秘密を握っています。

　軟口蓋とは、口で息を吸ったときやミント系のものをなめたときに、ひんやりする場所です。

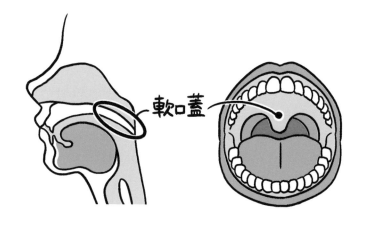

図表 2-6

正しい顔の位置を知ろう

❶かかと、お尻、肩甲骨、後頭部をしっかりと壁につけて、リラックスしてまっすぐに立つ。

❷あごを引いて、発声時に、上あごをゆっくりと縦に開けていく。

正しい声は、息を軟口蓋に当てることによって生まれます。

　反射板のようなイメージです。お腹から声帯を通って出てきた音が、そのまま軟口蓋という反射板に当たることにより、口から声が発声されます。

　つまり、お腹から軟口蓋まで、まっすぐ直線的になる位置——顔を最奥に置くことが、よい声を出すための絶対条件なのです。

　顔を前に出してしまうと、お腹からまっすぐではなくなりますよね。

　顔が真上を向いても同じことがいえます。あごを引くのも、軟口蓋（反射板）を調整して角度的により当たりやすくするためです。

　ゆっくりと、上あごを開けていくのにも理由があります。

　まず、お腹からの息は声帯で小さな音になって、それを軟口蓋に当てることによって、大きくします。

　ただ、はじめから大きく口を開けてしまうと、息が漏れて、軟口蓋（反射板）に当たる息の量が減ります。そうすると声が響かず、息漏れが多い状態になってしまいます。

　しかし、ゆっくり広げていくとどうでしょう。

　ゆっくりと口を開けることによって、口腔の大きさも広がり、軟口蓋に当たった声が、口腔全体に響き、クレッシェンドでどんどん声が響いていくのです。

　つまり、

①軟口蓋（反射板）を使って、
　一番良いポジションの声を作る。

②ゆっくりと上あごをあげて口を縦に開け、お腹からの息
　の量を増やしていき、口腔全体が広がり、どんどん響く
　声を出していく。

という２段階で声を出しているのです。

反射板
（軟口蓋）

2．小顔で良い声になる「表情筋トレーニング」

　基本、人は25％しか表情筋を使っていないということは、先ほどお伝えしました。ここでは、残りの75％を使うためにさまざまなトレーニングを実施していきます。

　小顔になって、美声になるので一石二鳥ですね。ワクワクしながら進めていきましょう。

　それでは、小顔美声の元になる、表情筋トレーニングをしていきましょう。

図表2-7 ---------------------------------

小顔美声になる表情筋トレーニング

1．小顔美声マッサージ

❶両手の母指球を顔の頬骨に置く。

❷内側に5回、外側に5回、母指球で頬骨をまわす。

❸頬骨のこりが取れるよう
　柔らかくなるまで、ゆっくり優しく行う。

＊結構痛いかもしれません。
　そして、痛いのは良くない証拠です。
　痛くなくなるように、スムーズに動くように、
　毎日ゆっくりと優しくマッサージしていきま
　しょう。

2. 小顔大顔体操

❶顔の中央に顔を集めるイメージで、
　自分の中で最大に小顔にして口と目を閉じます。
　※「すっぱい！」みたいな顔のイメージ。

❷口を思いっきり開いて「パッ」っと鳴らしながら、
　自分の中で最大に大きな顔にする。

　※「びっくりした！」のような顔のイメージ。
　　目も口も鼻も最大まで大きく開ける。

＊これを５回繰り返します。
　スムーズに顔が動くようになったらOKです。

3. タントレーニング

❶舌を思いっきり前に出
して 10 秒キープ。

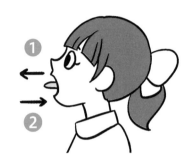

❷舌を思いっきり後ろに
縮ませて 10 秒キープ。

❸口を閉じながら舌を左
右に 5 回ずつまわす。

❹口を開いて舌を左右に
　5回ずつまわす。

❺舌を前に出して、
　腹筋のように10回
　舌先を上げる。

❻舌を前に出して、
　10回舌先を下げる。

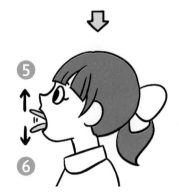

＊舌は発声にもっとも重要な部位の1つです。
　リラックスして柔軟な舌を作りましょう。

4. ビッグマウス体操

❶「あ」の口をしながら、
　口を信じられないくらい
　最大まで縦横に大きく開く。

❷「え」の口をしながら、
　口を最大まで正方形に開く。

❸ ②の口をしながら、
　「い」と発音する。

❹「お」の口をしながら、
　横は狭めて、縦を広げて、
　最大まで口を縦に開ける。

❺「う」の口をしながら、
　口を最大まで前に突き出す。

＊これを5回繰り返します。次の口に移るときに、一度口を
　閉じたりせず、前の口からそのまま次の口に移動しましょう。

※発声時は、最大までは開けないことに注意。
　これは、表情筋トレーニングとして、行っているだけです。

表情筋トレーニングの最後は「わはははトレーニング」です。

　これは、表情筋だけでなく、呼吸も姿勢も磨くことができ、さらにお腹の使い方も良くなって、メンタルも最高になります。

　これこそ究極の表情筋トレーニングです。時間がないときは、これだけで大丈夫です。

　人は笑うとき、身体が完全にリラックスします。

　そして、理想的な呼吸と、理想的なお腹の使い方が、笑っているときなのです。

　笑い声は響きます。

　大人が唯一できる、赤ちゃんの泣き声に近い響きになります。笑い声はみんな大きいものです。居酒屋や街中でも、笑い声だけは響いてますよね。

　超余談ですが、私の父（田中眞二）は、母とは高校で出会いました。

　当時、2人のクラスは違いましたが、父が笑うと、同じ階のすべての教室に笑い声が響き、母のクラスメイトが「眞二が笑っている」といっていたそうです。

　笑い声はそれだけポテンシャルが高いのです。

　笑うとき、「大きな声を出して、響かせて──」と考えたことがありますか。何も考えてないはずです。ただ、おもしろすぎるから、勝手に笑い声になります。何もしていない感じですよね。

　これが赤ちゃんの泣き声の秘密です。

　この笑い声、良いことばかりなので、毎日たくさん笑いましょう。

　では、トレーニングです。

　①わーっはっはっはっはーと笑う。

　　※「わー」をゆっくり伸ばすことが大切。

以上。お疲れ様でした。

これは、半分冗談で半分本当です。

ただ、続きもあります。

図表 2 - 8

5．わははははトレーニング

❶ わーっはっはっはっはーと笑う。

❷ えーっへっへっへっへーと笑う。

❸ いーっひっひっひっひーと笑う。

❹ おーっほっほっほっほーと笑う。

❺ うーっふっふっふっふーと笑う。

以上です。

　ちゃんとすべての母音をやるところが重要です。これで、すべてがうまくいきます。

　当然笑顔で、大きく、ゆっくり、楽しく、行いましょう。これであなたも表情筋マスターです。良くできました。

　この笑い声、良いことばかりなので、毎日たくさん笑いましょう。

　Lesson2 は、良い声を作るフィジカルトレーニングとして、〈呼吸〉×〈姿勢〉×〈支え〉のトレーニングを行ってきました。

　うまくできましたでしょうか。

　続いて Lesson3 は、お待ちかねの実際に声を出すトレーニングをしていきます。

体（フィジカル）／まとめ

1. 基本の三原則
   〈呼吸〉×〈姿勢〉×〈支え〉　　　　　　p40

2. 美声ストレッチ
   ①肩甲骨剥がし　　　　　　　　　　p48
   ②肩甲骨寄せ　　　　　　　　　　　p50
   ③首筋伸ばし・首回し　　　　　　　p52
   ④上半身脱力　　　　　　　　　　　p54

3. 呼吸を整える
   ①300％ブレスアウトトレーニング　　p61
   ②ディープブレストレーニング　　　p63
   ③スピードディープブレストレーニング　p69

4. 表情筋を鍛える
   ①正しい顔の位置を知る　　　　　　p75
   ②小顔美声になる表情筋トレーニング
   ●小顔美声マッサージ　　　　　p80
   ●小顔大顔体操　　　　　　　　p82
   ●タントレーニング　　　　　　p84
   ●ビッグマウス体操　　　　　　p86
   ●わはははトレーニング　　　　p89

うがいゴロゴロ

　皆さん、朝起きたらはじめに何をするでしょうか。

　私は、うがいと水分補給をします。

　なぜなら、寝ている間に、のどや口の中が渇いていたり、ほこりが入ったりするからです。

　また、寝ている間に水分はたくさん身体から排出されています。そのため、うがいをし、お水を1杯飲んで1日をスタートするのです。

　そして、このうがいも実はトレーニングになります。

ゴロゴロトレーニング

❶ お水を口に入れる。

❷ のどで、お水をゴロゴロさせる。

❸ のどがスッキリしたら終了。

　このトレーニングをやってからお水を1杯飲むと、朝から声がスムーズに出ます。

　お水の温度は常温がちょうど良いです。時期によっては、この常温でゴロゴロトレーニングを行うのも効果的です。

ちなみに私は、「あー」「えー」「いー」「おー」「うー」の母音で、自分の最低音から最高音まで発声しながら、ゴロゴロしています。

Lesson **3**

技（テクニック）
＝〈音程〉×〈リズム〉×〈音量〉
──無料アプリのみでできる！
効果的なトレーニング

「声の高さ」を
コントロールする

　話し声にも、歌と同じように〈音程〉があるのはご存じで
しょうか。

　人は、何かを伝えるために、低い音を出したり、高い音を
出したりして、表現します。この表現に説得力があれば、相
手にしっかり言葉が伝わって目的が達成されるわけです。

　かのメラビアンの法則によると、人は、他人とコミュニケー
ションを取るときに、言語・聴覚・視覚の3つの情報から、
判断しているとされます。

　その判断の内訳は、

　　言語：7％
　　聴覚：38％
　　視覚：55％

であり、「声」に関することでは、言語は7％に対して、
聴覚は38％もあります。また、一説によると、声の高さに
よる影響がもっとも強いともいわれています。

　とはいえ、急に甲高い声や、とんでもなく低い声で話しは
じめたらどうでしょう。

　表現力があるというよりは、情緒不安定さを周りに印象づけ、イメージが良いとはいいがたい状況になってしまいますよね。

　何より声が聞きづらいでしょう。

　周りに不快感や不安を与えないためにも、しっかり〈音程〉をトレーニングすることが大事です。

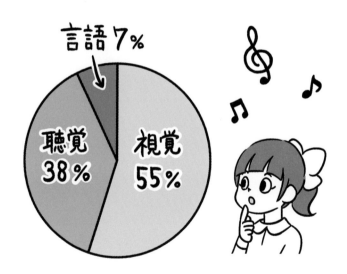

1. 自分の声の〈基音〉を知る

　東京の FM ラジオ放送局 J-WAVE の朝の番組に出演されている別所哲也さん。
　本当に素敵で魅力的な声ですよね。
　私は２度ほど番組に出演し、ボイストレーニングさせていただきました。
　その際、私が、

「別所さんの話し声の周波数は 123.471hz で音程は B2 です。この前後をしっかりと鍛えましょう」

とドヤ顔で伝えたんです。
　すると別所さんは、「知っていますよ。いつも J-WAVE のスタジオで数値を見ていますから」とおっしゃったのです。
　これにはびっくりして、恥ずかしい思いもしました。
　ラジオの有名なパーソナリティさんは、「自分の話し声の音程＝〈基音〉」を知っているのです。

　さて、〈音程〉のトレーニングといっても、自分の話し声の音程を知らなければトレーニングしようがありません。
　大丈夫です。スマートフォンの無料アプリで、簡単に調べることが可能です。
　私もレッスンでは、生徒さんの基音を必ずチェックします。

図表 3 - 1

ナチュラルボイスは
「基音の周波数 ＋2 〜 3 度」のことも

2 〜 3 度というのは、
基音が「ド・レ・ミ・ファ・ソ・ラ・シ・ド」の
「ラ」であれば、

●シ（2 度）／ド（3 度）

　皆さんも、ご自身の使いやすいアプリを使って、最初に必ず自分の基音を確認してください。

　ただ、せっかく確認しても、その〈基音〉はもしかしたら間違っているかもしれません。
　正しくいうと、〈ナチュラルボイス〉を目指すなら、その基音は間違っている場合もあります。
　実は、声も重力の影響を受けて、音程が下がる傾向があります。私の経験でいうと、ほとんどの人は音程（基音）が下がっているようです。
　アプリで確認した基音の周波数をベースに 2 〜 3 度、音程を上げて声を出してみましょう。この方がノイズが減って、透明感のあるきれいな声が出る場合が多いようです。

そして、基音は体温のように、「今日は低いな」「高いな」ということがままあります。

　毎日アプリでチェックして、まずは自分の基音を見つけてください。

　あとは、その音程で話せば OK です。

　タレントさん、アナウンサーさんはこうして、さらに聞き取りやすい声になっているのです。

２．いろいろな音域の声を出そう

　自分の基音がある程度わかったところで、オクターブ下げたり、オクターブ上げたり、という音域で緩急をつけるトレーニングをしていきます。

　音域には、次の３つがあります。

高音域

　いわゆる「裏声」と聞けば、イメージしやすいと思います。

　世の中のボイストレーニングのほとんどは、地声の発声からですが、私のレッスンでは裏声からはじめます。

　意外かもしれませんが、地声は声帯の負担が大きく、裏声の方が負担が少ないのです。

　この声帯というのは本当に小さくて、男性で15〜21mm、女性で10〜15mmしかありません。

　つまり１〜２cmです。

　この大きさで、声の原音を作っているのです。

　そしてほとんどの人は、このわずか１〜２cmしかない声帯を痛めつけながら、発声しています。

　絶対にケアしないといけないのはもちろん、もっと大切に丁寧に扱わないといけません。

　今日から声帯を、自分の宝物のように扱いましょう。

　そして、この声帯に対する最初のケアともいえるのが、裏声からトレーニングをすることです。

裏声からトレーニングをはじめていきましょう。

低音域

次にお待ちかねの地声です。地声は英語でチェストボイスといいます。

つまり、「胸声」ですが——この言葉がいろいろと邪魔をしている気がします。つい「胸に響かせればいいのか」と思ってしまうからです。

確かに、〈地声＝チェストボイス＝胸声〉ではあるのですが、胸に響かせようとすると、たいていの人は力を込めてしまうのです。

「胸に響かせよう」と一瞬でも考えるだけで力が入ります。

そのつもりがなくとも、勝手に力が入ってしまいます。

これはいけません。

上半身には力を入れず、つねにリラックスするという〈基本の三原則〉（p40）を思い出してください。

ですから、〈地声＝チェストボイス＝胸声〉は、なるべく胸に響かせないように、「優しく柔らかく」を目指しましょう。

さて、地声というと、皆さんとにかく強い声になりがちです。「ここまで出るんだぞ、すごいだろ」みたいな競争の世界になってきます。

あえてのどに引っ掛けて声を出すことで、アタックをつけて、声量を一瞬あげて——。

　その声が骨伝導を通した内耳から聞こえている段階では、そんなに悪い声には聞こえないのもその原因です。

　そのため、地声＝のど声で話す方が多いのです。

　しかし、特定の周波数にアタックがついて、ノイズのようになった声になり、聞く側からすると大変聞きづらいです。

　話す方も、このやり方で30分も話し続けたらのどが疲れて、痛くなってくるでしょう。

　この声は変えなければなりません。

　そうしないと、皆さんの地声は、自動的にのど声のようになってしまいます。

　音声SNSのClubhouseを聞いていても、ほとんどの人の地声がのど声です。その声を聞くと、お話の内容以前に、とても残念な気持になってしまいます。

　地声ほど「軽く」「弱く」「優しく」「柔らかく」「裏声のように」「中性的な声に」しましょう。

中音域

　裏声の良い所と、地声の良い所が混ざった最高の声であるミックスボイスのことです。

　裏声の柔らかい、優しい、キラキラした、癒されるところと、地声のしっかりと芯があり、落ち着いて、太く、説得力のあるところが、高音から低音まで、同じ統一感で混ざった、理想かつ憧れの声といえます。

　ボイストレーナーによっては、ミックスボイスを教えるのが

ボイストレーニングだとおっしゃる方もいます。それくらい大事です。

　私がお伝えしている〈ナチュラルボイス〉は、まさにミックスボイスで完成します。

3.　リップロール＆ハミング

①リップロール

　リップロールとは何でしょうか。

　くちびるをプルプルと震わせるアレです。歌手の人がレコーディング前にやっているのを見たことがないでしょうか。「あんな遊びみたいなことに、効果なんてあるの？」と思うかもしれませんが、あります。大いにあります。

　これこそ、きれいなナチュラルボイスを、発声できるようになるトレーニングだからです。

　そして、低音域や高音域のナチュラルボイスが出せるようになるのです。

　今よりも、さらにもっと低音域や高音域が出るようになると、倍音が鳴り、普通に声を出しているだけでも、その声が太くなり、キラキラして、明るくなり、聞き取りやすく、生きた声、つまり目指す〈ナチュラルボイス〉になります。

　さらにリップロールは声を出すのと違い、ほとんど声帯に負担がかからず、安定した呼吸ができるようになるうえ、くちびるのリラックスになって力が抜けることで、もっとも良い声を出しやすくなります。

　ただ、リップロールをはじめから長くできる人はそうはいません。

まったくできない方はもちろん、ごく短い間だけという人が、ほとんどだと思います。

　ここで、そのコツをお伝えします（【図表3-2】）。

　リップロールが安定してできるようになったら、段々音程を上げていきましょう。

　そして、限界の所（最高音）をメモしたら、今度は音程を下げていきます。こちらも限界（最低音）をメモします。

　毎日できるだけ長く続くように、また、できるだけ最高音、最低音の幅が広がるようにリップロールしていきます。

　安定してできるようになったら、上級編として、自分の好きな曲をすべてリップロールでやることに挑戦しても、楽しいと思います。このトレーニングは、最低音から最高音を楽しく広げることができて、本当におススメです。

　気分も上がると思います。ぜひやってみてください。

②ハミング

　ハミングはリップロールよりも、わかりやすいかもしれません。

　口を閉じて、鼻から声を出す鼻歌という感じです。

「大したことない」と思われるでしょうか。

　ところがどっこい。

　ハミングには、なんと！

図表 3-2

リップロールをうまくやるには？

　リップロールも自転車のように補助輪があれば、簡単にできます。

　リップロールの補助輪は両手。両手をくちびるの横に添えると──。あら、不思議。リップロールができるようになります。

　このリップロールを、先ほどのアプリで音程を確認しながら、まずは自分の一番出しやすい音でプルプルしていきます。

① ミックスボイスができるようになって

② 音域が広がって

③ 倍音が良く出るようになって

④ 声帯の負担もなく

⑤ 安定した呼吸ができるようになる

さらに！

⑥ 口を閉じて発声することで声帯が潤い

⑦ 鼻を使うことで、鼻腔共鳴が習得でき

⑧ 口の中で移動する振動で、さまざまな共鳴腔を確認できる

　効果があるのです。これはトレーニングしない手はありません。

　声を出すときはもちろん、プレゼンなどの準備運動にも最適です。レコーディング前の歌手も、いつもリップロールやハミングをしています。

図表 3-3

ハミングのやり方

　口を閉じて、口の中に声を振動させ、リップロールと同じく、最高音、最低音を行き来する。

＊このときに「口の中のどのあたりが振動しているか、響いているか」を確認すると、共鳴腔（p72）を使いこなすヒントになります。

　このハミングをマスターすることで、音程が良くなるだけでなく、声に良いさまざまな効果が得られます。
　これを知ってやるのと、知らないでやるのとでは効果がまったく変わります。楽しみながらハミングしていきましょう。
　また、さまざまな音程やリズムで歌うことで、身体が楽器のようになっていきます。

4. 50音を発声する

　言葉をさまざまな声の高さで出せるように、50音（p36）を発声していきます（【図表3-4】）。

図表3-4

基本編　**50音トレーニング**

❶「あいうえお」（p36）を〈ドドドドド〉の音程で発声する。
　※音は無料のピアノアプリなどで鳴らしましょう。

- 一番自分の出しやすい高さの鍵盤の「ド」の音を弾いて、「あ」と発声する。

- 一番自分の出しやすい高さの鍵盤の「ド」の音を弾いて、「い」と発声する。

- 一番自分の出しやすい高さの鍵盤の「ド」の音を弾いて、「う」と発声する。

- 一番自分の出しやすい高さの鍵盤の「ド」の音を弾いて、「え」と発声する。

- 一番自分の出しやすい高さの鍵盤の「ド」の音を弾いて、「お」と発声する。

〈最低音〉

❷次に最低音を出していく。
　先ほどの鍵盤の「ド」の1つ下の「シ」を弾いて、「か」
　「き」「く」「け」「こ」と発声する。

❸同じく「シ」から1つ下の「シ♭」を弾いて「さ」「し」
　「す」「せ」「そ」と発声する。
　一番低くて出ないところまで進んだら、その音を最低音
　としてメモする。

〈最高音〉

❹①をもう一度行う。

❺今度は半音ずつ音を上げていく。「ド」の1つ上の「ド♯」
　を弾いて、「か」「き」「く」「け」「こ」と発声する。

❻その後も、音を上げながらサ行、タ行と進めていく。
　一番低くて出ないところまで進んだら、その音を最高音
　としてメモする。

　※②以降、鍵盤を弾きながら声を出すのが難しい場合、
　　はじめに音だけを弾いて音程を確認してから声を出し
　　ても大丈夫です。

5. 濁音を発声する

最低音・最高音についてワ行を終えてもまだまだ出るよという方。

50音はしっかり発音できるようになったので次の言葉に進みたいという方。

濁音（p37）の発声がございます！（【図表3-5】）

今までの総集編ともいえます。

図表3-5 -

応用編　**濁音トレーニング**

❶基本編（【図表3-4】／p110）と同じく「がぎぐげご」（p37）を〈ドドドドド〉の音程で発声する。

● 一番自分の出しやすい高さの鍵盤の「ド」の音を弾いて、「が」と発声する。

● 一番自分の出しやすい高さの鍵盤の「ド」の音を弾いて、「ぎ」と発声する。

● 一番自分の出しやすい高さの鍵盤の「ド」の音を弾いて、「ぐ」と発声する。

● 一番自分の出しやすい高さの鍵盤の「ド」の音を弾いて、「げ」と発声する。

● 一番自分の出しやすい高さの鍵盤の「ド」の音を弾いて、「ご」と発声する。

〈最低音〉

❷次に最低音を出していく。
　鍵盤の「ド」の１つ下の「シ」を弾いて、「ざ」「じ」「ず」「ぜ」「ぞ」と発声する。

❸同じく「シ」から１つ下の、「シ♭」を弾いて、「だ」「ぢ」「づ」「で」「ど」と発声する。
　一番低くて出ないところまで進んだら、その音を最低音としてメモする。

〈最高音〉

　今度は半音ずつ音を上げていく。
　①をもう一度行ったのち、

❹「ド」の上の「ド＃」を弾いて、「ざ」「じ」「ず」「ぜ」「ぞ」と発声する。

❺その後も、音を上げながらダ行、バ行と進めていく。
　一番低くて出ないところまで進んだら、その音を最高音としてメモする。

　※②以降、鍵盤を弾きながら声を出すのが難しい場合、はじめの音だけを弾いて音程を確認してから声を出しても大丈夫です。

これらの発声をしっかり行うことで、音程だけでなく、滑舌までもが超一流に素晴らしく生まれ変わります。

　ここでは、いいづらい言葉や、苦手な言葉がたくさんあればラッキーと思ってのぞみましょう。

　徹底的にそれを治すことで、声や言葉がさらにきれいになるからです。

　全部制覇すれば、音程も滑舌も完璧になれますよ。

「声の速さ」を
コントロールしよう

さて、この項目では「声の速さ」をコントロールしていきましょう。

本格的なトレーニングの前に、〈ウォーミングアップ〉として、「名前、年齢、職業、趣味、今ハマっているものなど」の自己紹介を録音してみましょう。

以下は、私の自己紹介の例です（【図表3-6】）。

図表 3-6

自己紹介の例

例

はじめまして、
田中直人です。
年齢は、47 歳です。
職業は、ボイストレーナー、
ボーカルプロデューサーです。
趣味は、旅行とグルメです。
今ハマっていることは、blog と Twitter です。

---

1. 自己紹介を録音してみる

　では、再生してみてください。声の速さはどうでしょうか。聞き取りやすい速さでしたか？

　声の速さとは、リズムです。早口でもゆっくりすぎてもいけません。

　また沈黙を恐れて詰め詰めで話してはいないでしょうか。

　沈黙は余韻です。悪いことではありません。

　リズムでいうと休符になります。休符があるから、リズムが生まれますし、言葉が届きます。沈黙や休符に込められる思いもあります。

　話すことは相手へ向けてのギフトです。ですから、相手に喜んでもらえるように、最善のリズムで話していくことが重要です。

　さて、そこまで時間が迫っているわけでもないのに、日常生活で早口になる人が多すぎます。

　生き急いでいるといいますか、ムリやり自分のリズムで世の中を動かしている感じです。

　私のレッスンでも、はじめてのプレゼンテーションのトレーニングでは、生徒の皆さんが早口になる傾向があります。

　まるで早くプレゼンをやめたいような、大した内容でもないので早めに終わらせますといっているような、そのような

感じもうけます（もちろん、緊張しているというのもわかりますが……）。

　早口には、大きく３つの損があります。

①何をいっているか伝わらない
②雑に感じられて、お互いの心を消耗する
③イライラして、セカセカする

　逆をいえば、ゆっくり話すことは、

①時間がゆったりとしてくるので、心がリラックスする
②相手も大切にされてると感じて、お互いハッピーになる
③心が通じ合って、笑顔が広がる

ということになります。
　何より、早口だと〈ナチュラルボイス〉が出しづらいのです。
　ナチュラルボイスは、「ゆっくり丁寧に」が基本になっています。

　早口の人が多いので、「基本はゆっくり丁寧に」と考えると、ちょうどいいかもしれません。
　自覚があるなしにかかわらず、早口で成果や結果が半減することもあります。ここは急がばまわれが正解です。
　私の生徒さんに、警察官で緊急放送のお仕事を担当されて

いる方がいました。

　この方に私が教えたのは、「緊急だからこそ、ゆっくりと丁寧に」ということです。この緊急感のある声で、ゆっくり話すというのも重要です。

　とくに冒頭に結論のある文章の場合は、早口では相手が聞き逃してしまう可能性があります（そのため、緊急放送は「火事です、火事です」と緊急そうな声で、結論を２回いいます）。

　どんな場面でもまずは「ゆっくり、ゆったり、丁寧に」話すように心がけましょう。

2.「普通」「ゆっくり」「早口」で自己紹介をする

①普通　通常のリズムを知る

　それでは、先ほどの録音（【図表3-6】）を確認したのち、今度は、

- ●ゆっくりと息を吸って
- ●ゆったりした気持ちで
- ●イメージとしては、休日の朝起きて一番ワクワクした気持ちで、好きなことに取りかかる前のような感じで

　同じように自己紹介をし、録音してみてください。メドとしては15秒ほどかけます（【図表3-7】／p120）。
　念のため、だいたいの時間配分を書いておきます。
　以降のトレーニングでは、この秒数で終わるように読んでみてください。

普通（通常のリズム）の自己紹介

例

はじめまして、（1秒）
田中直人です。（2.5秒）
年齢は、47歳です。（5秒）
職業は、ボイストレーナー、
ボーカルプロデューサーです。（8.5秒）
趣味は、旅行とグルメです。（11秒）
今ハマっていることは、blogとTwitterです。（以上15秒）

どうでしたか？
　最初に録音したものより、ずっと聞き取りやすくなっていませんか？

　聞き比べてください。
　どちらが魅力的に感じるでしょうか。
　どちらが聞き取りやすいでしょうか。
　どちらが耳に優しいでしょうか。

　これが、基本の速さ〈リズム〉になります。つねにこのくらいのリズムで声を出しましょう。

②ゆっくり　通常のリズムの２倍

　次は、本当にゆっくりと声を出す練習をします。

　先ほどの自己紹介を、普通の倍の速さ、つまり 30 秒もかけて話します。

　これはものすごく難しいです。あなたのリズムセンス、間のとり方、表現力を総動員する必要があります。先ほども書いたように、間のとり方もリズムです。間も重要ですからね。

　それでは、時間をしっかり計りながらやってみましょう。

図表 3-8

ゆっくりの自己紹介

例

はじめまして、（2秒）

田中直人です。（5秒）

年齢は、47 歳です。（10秒）

職業は、ボイストレーナー、

ボーカルプロデューサーです。（17秒）

趣味は、旅行とグルメです。（22秒）

今ハマっていることは、blog と Twitter です。（以上30秒）

さて、再生してみてください。うまくできましたでしょうか。

　コツは、子どもやご年配の方にわかりやすいように、優しく話すイメージです。

　ご年配の方によく言葉を聞き返されませんか。

　それは、リズムが悪かったのです。このリズムを心がけてください。

　できるだけ笑顔で、子どもやご年配の方、外国人の方にゆっくり道を教えるように、優しい気持ち、あたたかい心持ちで行ってみてください。

　この際、終わりの秒数を考えて話そうとすると、うまくはまらない場合もあります。

　そんなときは、思い切って休んでしまいましょう。

　次のスタートタイムになるまで時間が余っていたら、焦らず余裕をもって笑顔で休めるようになりましょう。

　これでゆっくりと話せるようになったと思います。ぜひ、あなた自身の自己紹介で何度もトレーニングしてみてください。

③早口　通常のリズムの半分

　次に早いバージョンです。普通のスピードでは15秒、ゆっくりのスピードでは30秒でした。では、速いスピードは何秒でしょうか？

　予想通りかもしれませんね。そうです、7秒半です。「難しそう」と思うかもしれません。一度録音してみましょう。

図表 3 - 9

早口の自己紹介

はじめまして、（1 秒）

田中直人です。（2 秒）

年齢は、47 歳です。（10 秒）

職業は、ボイストレーナー、

ボーカルプロデューサーです。（4 秒）

趣味は、旅行とグルメです。（5 秒）

今ハマっていることは、blog と Twitter です。（7 秒半）

「普通」と「ゆっくり」をやったあとなので、ゆっくりめになったのではないかと思います。

　ここで、今まで録音したものも、再度聞いてみましょう。

　まずは 15 秒の普通のスピードを聞いてください。

　フォーマルな場で、活き活きと自己紹介しているように聞こえるのではないでしょうか。

　次に、30 秒のものを聞きましょう。

　お年寄りや、子ども、外国人に話すような、愛着と愛情が感じ取れるのではないでしょうか？

　最後にもう一度 7 秒半を聞きましょう。のっぺらぼうな機械的な声に感じないでしょうか。

これらを何度も繰り返し、そのたびに録音して、前述のイメージに合った自己紹介に聞こえるようになるまで、トレーニングを続けます。

　そして、普通 15 秒、ゆっくり 30 秒、早口 7 秒半、それぞれを使い分けられるようになりましょう。

　早口は日常では基本的に使いませんが、加圧トレーニングとして発声練習になります。

　また、早口でもフォーマルなシーンに会う丁寧さが感じられるようになると、当然 15 秒や 30 秒のときはより余裕を持って、相手に届けられるようになります。

　さらに滑舌も良くなります。早口言葉と同じ要領ですね。

3.　メトロノームを使ってリズムを取る①

　今度はメトロノームを使って、トレーニングしていきます（メトロノームがない場合でも、無料アプリをダウンロードして使えます）。

　メトロノームは、1分間を自分の好きな配分にしてリズムを取れるので、本当に便利です。

　1分が基本単位になり、1分間に60回カウントしたい場合は、メトロノームを60に設定すると、そのリズムを刻んでくれます。

　ここでは、

　①「普通」（基準）は120
　②「ゆっくり」は60
　③「早口」は240

　に設定し、トレーニングしていきます。

メトロノームで〈ゆっくり〉と〈普通〉の発声

❶ゆっくり
　最初は一番簡単な「ゆっくり」。
　メトロノームで 1 分間に 60 を鳴らしながら、50 音（p36）
　を発声する。

❷普通
　次は、50 音を普通に発声できるようにトレーニング。
　メトロノームを 120 に設定し、①と同じようにすべて発
　声する。

＊まずは音程も声量も一番出しやすい声で OK です。
　メトロノームの音 1 つにつき、1 つの言葉を発声します。
　息つぎは、「ア行からカ行になる」とき、「カ行からサ行
　になる」ときと、毎回行が変わるときに、メトロノーム
　の音と音の間に行います。

＊何度も繰り返し練習し、自分の中にリズム時計を持つこ
　とが、聞き取りやすい声を出す必須条件です。

4．メトロノームを使ってリズムを取る②

さて、お待たせしました！　メトロノーム240に挑戦します。
今まではできたという方も、ここからは苦労すると思います。
注意点が３つあります。

● 首や肩に力が入らないようにする
　早いのでつい首や肩に力が入ります。
　上半身完全リラックス──基本三原則の〈姿勢〉を忘れずに！

● 息つぎがおろそかになる
　このテンポで一番難しいのが息つぎです。息つぎは行と行
の間に毎回行うのをルールとします。
　しっかりと吐き切って、しっかりと吸う必要があります。

● 走らない
　早ければ良いと思って、240より早く声を出したり、ま
た戻したりという不安定な出し方をする人がいます。
「終わり良ければすべてよし」ではありません！
　必ずすべての発声を240のテンポで刻むトレーニングを
します。
　途中で走ったりモタモタしたりとリズムを変えてはいけま
せん。

メトロノームで〈早口〉の発声

メトロノームで1分間に240を鳴らしながら、50音（p 36）を発声する。

＊上半身をリラックスさせ、行と行の間で息つぎし、
　すべての発声を240のテンポで刻みます。

このメトロノームトレーニングによって、自分の中にリズム時計を作ることができます。

　これができると、休符や間のとり方がうまくなり、より聞き取りやすい声が実現できるのです。さらに時間軸の中で余裕が生まれて、良いメンタルを保つことができます。

　これができたら自信を持ってください。1つ1つ小さな成功体験を積み重ねて、聞き取りやすい魅力的な声の山を一緒に登りきりましょう。

　歩きながら、座りながら、寝ながらでも自由自在にできるようになりましょう。

「声の大きさ」を
コントロールしよう

　声の大きさ〈声量〉とは何でしょうか。人にどのような影響を与えるのでしょうか。

　『ドラえもん』に出てくる、ジャイアンのように声は大きければ大きい方が良いのでしょうか。のび太君のように声は小さい方が良いのでしょうか。

　でも待ってください。

　ジャイアンは確かに声が大きいイメージありますが、それは歌っているときだけですよね。

　普段の声も大きすぎたら、テレビのボリュームを下げないとうるさいはずです。

　でも、そんなことはしたことがありません。

　のび太君も声は小さそうだけれど、のび太君が出てきたら、毎回テレビの音量上げるというようなことはありません。

　実はテレビアニメでは基本的にどのキャラクターも、一定の声量になるように作られています。

　ではなぜ、私たちは声が大きそう、小さそうと感じるのでしょうか。

この正体は、倍音。最低音や最高音が上がることによって、声が太くなったり、明るくなったり、キラキラしたりするのは、先にも説明した通りです。

　そうです。音域が拡大すると倍音成分が増えます。

　この効果を使って、さまざまなキャラクターが演じられているわけです。

　では、声の大きさはどうでも良いのでしょうか。

　そんなことはありません。

　キャラクターにとって、重要なことや感情、表現によって、声の大きさにはしっかりとした強弱が必要です。

　ドラえもんが、タケコプターを出すときは、「はい、タケコプター！！！！」と高らかにいいますよね。

　その声があるから、安心して空が飛べそうだなという説得力があるのです。

　もしささやき声で「タケコプター」といったらどうでしょうか。不安でそんなものつけたくないですし、そもそも空も飛べそうにありません。

　一方、「のび太君、ちょっとトイレ行ってくる」は小声で良いですよね。

　タケコプターを出すときの高らかな声で、

「のび太君！！」「ちょっとトイレ行ってくるー！！！！」

　といわれたら何事かと思ってしまいます。

　それくらい声の大きさは大事です。

　説得力も感情も、すべて声の大きさに現れます。

　では、声の大きさはどのような仕組みで作られるのでしょうか。

1. 自分の声の大きさを知る

　声の大きさ〈声量〉を調整する際は、とにかく力が入ってはいけません。ゆっくりゆったりと、声量をコントロールします。

①声の大きさは「息の量」で決まる
　正しい声の大きさは「息の量」で作ります。
　声量は、息のボール（玉）と覚えてくださいね。
　そうすると大きな声が出ます。
　小さい声を出すときは、小さなボールを作って送ります。
　お腹で作る息のボールの大きさが、そのまま声の大きさになるからです。

　このような仕組みで声の大きさを作ると、ナチュラルボイスになります。

図表 3-12

息のボール（玉）を作る

❶全身の息をすべて吐ききって、空っぽになってから、息で身体を満たす。

❷（※ここからはイメージになります）声の大きさのボール（玉）をお腹で作って、そのボールをお腹から口の中に飛ばすようにポンと運ぶ。

＊このときに、膝を使って、「どん」と重心を下げると、「ポン」と息が口に届きます。

②自分の「声量（デジベル）」を知る

　皆さん、「適切な声の大きさ」はなんとなく感覚でわかっている……という方も多いと思います。

　静かなところでは、小さな声で。にぎやかなところでは、大きな声で。

　ただ、トレーニングをするにあたって、「いつもの自分の声の大きさ」を知ることは、とても重要です。

　しっかり声量をはかっておきましょう。

　今は、スマートフォンの無料アプリなどもあり、簡単に自分の声量がはかれます。

③【注意点】大きな声を出そうとしない

　本格的にトレーニングをはじめる前に注意点をいくつかあげます。

　まず、「大きな声を出そうとしないでください」。

「え？」「何いってるの？」となりそうですがめちゃくちゃ重要なことです。大きな声を出そうとすると、ナチュラルボイスにはなりません。

「大きい声を出してください」といわれたら、どうしますか。

　力いっぱい声を出そうとすると思います。

　　大きな声＝力いっぱいの声

　私たちは幼いころから、そのような教育をうけてきています。

　実は、私も20年前は、「大きな声出してください」とレッスンでいっていました……。

　すると、とんでもないことが起こるのです。

　皆さん、今すぐ病院に行かなきゃいけないような発声をするのです。すぐに声帯結節やポリープになってしまうような発声法になるのです。

　これは間違った発声法です。本当にやめましょう。

　何度もいいますが、声帯は1〜2cmしかなく、水と筋肉でできたとても繊細なものです。雑に扱えばあっという間にすぐに枯れてしまいます。

　　大きな声＝力を抜いた声

　これが正しいのです。ですから絶対に力いっぱい声を出そうとしないでください。

　また、これ以外に９つ、つまり全部で 10 の注意点があります（【図表 3-13】）。

トレーニングの注意点

❶ 大きな声を出そうとしない

❷ 声を前に出そうとしない

❸ 胸で響かせようとしない

❹ こぶしを握らない

❺ 口を大きく開けない

❻ 顔を前に出さない

❼ 良い声を出そうとしない

❽ 顔を上げない

❾ 身体をのけぞらない

❿ 気合を入れない

注意点に共通するのは、「力が入る」「姿勢が悪くなる」ことを避けることです。

　〈力を抜く×姿勢まっすぐ〉が、ナチュラルボイスに結びついていることは、すでに耳にタコができるほど書いてきました（まだまだ書きます。何度でも書きます！）。

　しっかりと意識してのぞみましょう。

2.　ロングトーン

　それでは、声を長く安定的に伸ばすトレーニング〈ロングトーン〉から、がんばっていきましょう（【図表 3-14】）。

　決めた音量 dB（デシベル）を同じ高さでずっと安定して出せるように練習します。「あー」ができたら今度は「いー」に挑戦します。
　同じように「うー」「えー」「おー」と続けていきましょう。
　得意な母音と苦手な母音が出てくると思いますが、とても良いことです。伸びしろバッチリということですから。得意をどんどん伸ばしながら、苦手を得意に変えていきましょう！

図表 3-14

ロングトーン

❶音量をアプリではかりながら、好きな音程で、「あー」と伸ばして声を出す。

❷まずは 60dB で安定したロングトーンを出せるようにする。

❸②ができたら今度は 30、40、50dB で発声。
　これもできたら次に 70、80、90dB で発声。

　＊もし力が入るようであれば、dB を上げる練習はムリせずやめてください。あくまで、力ではなく息の量だけで、声量をコントロールするのが大事だからです。

　＊はじめの一週間は 70dB まででもよいでしょう。
　　小さい声も大きな声も震えてはいけません。

3. 音量3段階で50音を発声する

　ここでは音量を3段階でコントロールできるように、50音でトレーニングします。慣れるまでは、行ったり来たりで、とても難しいと思いますが、できるだけ、楽しくやってみましょう。はじめは好きなリズムでどうぞ！

図表3-15

音量3段階50音トレーニング

　音量を3段階（大90dB・中60dB・小30dB）でコントロールできるように、50音（p36）で次のようにトレーニングする。

- ●「あ」　中　（60）
- ●「い」　小　（30）
- ●「う」　中　（60）
- ●「え」　小　（30）
- ●「お」　大　（90）

　この流れですべての行を発声する。

4．　クレッシェンド ＆ デクレッシェンド

　ロングトーン（【図表3-14】）や、音量3段階50音トレーニング（【図表3-15】）ができるようになったら、次にクレッシェンド（だんだん強く）、その後デクレッシェンド（だんだん弱く）を行います。

図表 3-16

クレッシェンド

❶「あー」の音から、まずは30dB以下で発声する。

❷そのまま、ロングトーンを続ける。
　1秒ごとに10dBずつ上げていくイメージで息の量を増やし、声量を上げる。

●90、100dBまで到達すれば終了。

　これはゆっくりやりましょう。
　鍛えていくことで、1秒ごとに10dBずつ上げられるようになります。
　「あー」の練習のあと、「いー」「うー」「えー」「おー」と続けていきましょう。

次にデクレッシェンドを行います。

デクレッシェンド

❶はじめは 80dB くらいから「あー」と発声する。

❷そのまま、ロングトーンを続ける。
　1 秒ごとに 10dB ずつ下げていくイメージで息の量を減ら
し、声量を下げる。

●0dB まで到達したら終了。
　段々スタートのボリュームを上げて、最終的には 100dB
から 0dB まで音量を下げていく。

　これもゆっくりやりましょう。
　鍛えていくことで、1 秒ごとに 10dB ずつ下げられるよ
うになります。
　クレッシェンドと同じように、「あー」の練習のあと、「いー」
「うー」「えー」「おー」と続けていきます。

5. 音量5段階で50音を発声する

　ここでは音量を5段階でコントロールできるように、5つの音すべての音量を変化させながら50音でトレーニングします。

　自分の声量を5段階（小・小中・中・中大・大）持つことになりますね。抑揚をつけて話すためにはとても重要なことです。しっかりできるようになりましょう。

図表3-18

音量5段階50音トレーニング

※小30dB・小中45dB・中60dB・中大75dB・大90dB
のイメージで、今回は2つの行ごとに音量差を作り繰り返していく。

❶「あ」小30 ／「い」小中45 ／「う」中60 ／
「え」中大75 ／「お」大90

❷「か」大90 ／「き」中大75 ／「く」中60 ／
「け」小中45 ／「こ」小30

　実は、小中大の音量3段階（p138）だけでは、細かいニュアンスを表現しづらいため、小中・中大を使う機会は頻繁に訪れます。この5つの声量を使い分けると、本当に聞き取りやすい声になります。

6. クレッシェンド〜デクレッシェンド

これは、まずは小さくはじまって段々大きくなり（クレッシェンド）、頂点まで来たところで段々小さくなり（デクレッシェンド）、最後はフェードアウトしていくというトレーニングです。

物語のはじまりと終わりのような、歌のフィナーレのような壮大で究極なパフォーマンスになります。

図表 3-19

クレッシェンド〜デクレッシェンド

❶「あー」を、20dB くらいからはじめて、1秒で10dB ずつ上げていく。（クレッシェンド）

❷ 100dB になったところで、今度は1秒で10dB ずつ下げていく。（デクレッシェンド）

❷ 0dB でしっかりフィニッシュ。

＊息の量を10dB ずつ足していって、のどに引っ掛けずに直接お腹から口に送り込むイメージです。最後まで息が続いて、きれいにフェードアウトできるように。

　簡単なトレーニングではありませんが、時間をかけてじっくり行いましょう。

　できるととても気持ちが良いはずです。

「あー」「いー」「うー」「えー」「おー」のすべての母音でできるように毎日練習しましょう。

　さて、これで技（テクニック）＝〈音程〉×〈リズム〉×〈音量〉のすべてのトレーニングが終了しました。

　余力があれば、最後に〈音程〉×〈リズム〉×〈音量〉を掛け合わせたトレーニングを行ってみてください。

　これを録音して、何度も何度も聞きましょう。ここまで来れば、あなたの声は本当に聞きやすくなっています。

　聞き取りやすい声のテクニック（技）編はここで終了です。

　あなたの声は魅力的になりました。

　本当にお疲れ様でした。

技（テクニック）／まとめ

1.「声の高さ」をコントロールする

2.「声の速さ」をコントロールする

3.「声の大きさ」をコントロールする

　①自分の声の大きさを知る

　④クレッシェンド＆デクレッシェンド

のどにいいもの

　ここでは、プロも愛用する「のどにいいもの」をご紹介します。皆さんもぜひ、いろいろ試したり、取り入れたりしてみてください。

①加湿器

　必需品です。ないとダメです。これと一緒に温度計・湿度計も買いましょう。「引っ越ししたら声が出なくなった」「今日は声が出にくい、かすれる」——その原因のほとんどが湿度（乾燥）です。

　すでに書いた通り、声帯は筋肉とお水でできているため、湿度が低く乾燥しているときは、声が出にくくなり、声はかすれます。湿度は 60％以上をキープしましょう。

　某有名なタレントさんが楽屋に加湿器を 6 つも持ち込んでいると話題になったことがあります。

　あれは、私にとってネタでも何でもありません。素晴らしいことです。

②マスク

　マスク。私は大好きです。

　一般的にはマスクを煩わしく思う人も多いでしょうが、マスクは声にとっては最高です。

乾燥、ホコリ、ウイルス、アレルギー──のどを、声帯を、声を、すべての敵から守ってくれます。

　マスクをしただけで、声が良くなった人も多いです。私もマスクをしていると本当にリラックスできます。

　コロナ禍でいよいよマスクが手放せない時代が来ました。自分に合った大きさ、厚さ、肌触り、デザインを選んでください。

　これほど声の味方になってくれるものはありません。

　マスクを最大限利用した生活を心がけましょう。

③のど飴

　のどの調子が悪いときは、うがいをしてからのど飴をなめましょう。のどを酷使し、少し疲れたときも同様です。

　声帯は筋肉とお水でできているので、のど飴をなめるとのどが潤って、程よい油分も加わって、声がスムーズに出るようになります。

④のどスプレー

　自分に合ったのどスプレーを自分に合ったやり方で使用しましょう。

　いろいろ試して、ベストなアイテムを使っていきましょう。

⑤マヌカハニー

　マヌカハニーはのどにとって、最高級の贅沢です。

　のどへのごほうびとして、良いことがあったときに与え
ましょう。のどが喜びますよ！

⑥入浴剤

　そもそも湯船にしっかりつかるのは、声にとてもいいこ
とです。

　身体がリラックスして、血行が良くなり、身体中がほぐ
れます。さらに、湿度が高い環境で、湯気をたくさん吸っ
て、のどを潤すことができるのです。

　お好きな入浴剤でゆっくり、お風呂を楽しみましょう。

⑦あずき枕

　私は毎日あずき枕を温めて首や肩、目の上に置いて寝て
います。

　天然の蒸気で身体がリラックスし、翌日は声が出やすく
なります。蒸気で潤うマスクなどを兼用すると最高です。

　あずきの力はすごいので、自分なりにいろいろと試して、
のどケアに活用していきましょう。

⑧吸入器

　何度もいうように、声帯は筋肉とお水でできています。

ただ、飲んだお水は直接声帯には届きません。むせてしまいます。

　それに比べて吸入器は、粒子になったお水を、直接声帯に届けることができます。

　これだけで、声の悩みがすべて解決してしまった人も多いのです。

　吸入器は1万円前後で買えるので、投資できる方は是非購入をご検討ください。

　十分元は取れます。

⑨スロートコート

　海外のシンガーがお気に入りのハーブティーです。

　のどにもっとも良い飲み物は常温のお水。こんなにおいしい飲み物はありません。

　ただ、たまに味が欲しいときに、私はスロートコートを飲んでいます。さらに、飲むだけでなく、鼻でにおいをかいだり、口で湯気を吸ったりしても効果的です。

　生徒さんの中には、このハーブティーをいれると、素敵な香りに誘われて飼っているワンちゃんが近づいてくるそうです。試しに飲ませたら、「ワン」の声も良くなったとの裏情報も入手しています。

　おススメです。

⑩響声破笛丸（漢方）

　声の調子が悪い——そんなときには、〈響声破笛丸〉を試してみましょう。

　私の体感では、1回飲むだけで調子の悪いのどがリセットされます。これも人によって効果が違います。自分の身体が求めていれば与えてあげましょう。

Lesson **4**

さらに〈声〉に
磨きをかけよう！

滑舌が悪い

——「滑舌が悪いね」と人にいわれた経験はありませんか。相当ショックですよね。でも、すぐに解決できます。

それは正しい発声ができていないだけだからです。もっといいますと、正しい舌と口とあごの使い方ができていないからです。簡単じゃないですか！

舌と口とあごの使い方だけで、滑舌は良くなります。

とくに重要なのが舌です。なにせ滑「舌」ですから。舌が滑らかに動けば良いだけなのです。

そして、皆さん実はトレーニング済みです。そうです。〈表情筋トレーニング③：タントレーニング〉（p84）です。これをとにかく丁寧に毎日続けてください。

その他に、【図表 4-1】のトレーニングを取り入れてみましょう。

図表 4-1

滑舌トレーニング

〈注意点〉

- 口を横に開けない
- 「ふわあー」と柔らかく息からはじめる
  軽くあごを引いてから行う
- 下あごは動かさない
- 上あごと首を使って顔を正面にする

その1

❶タントレーニング（p84）は必須。

❷①をやる前と後で、「ズゥズゥズゥズゥズゥズゥズゥズゥズゥー ZUZUZUZUZUZUZUZUZU―」と好きな音程、楽な声量で早口でいう。

＊タントレーニングをやったあとの方が滑らかに声が出せていれば、効果が出ています。

- ザァザァザァザァザァザァザァザァザァザァー
- ジィジィジィジィジィジィジィジィジィジィー
- ズゥズゥズゥズゥズゥズゥズゥズゥズゥー
- ゼェゼェゼェゼェゼェゼェゼェゼェゼェゼェー
- ゾォゾォゾォゾォゾォゾォゾォゾォゾォー

と、ザ行すべてで行いましょう。

さらに滑舌を良くしたい方は、「鼻濁音」を練習します。

①がぎぐげごの前に「ん」を入れた、「んがぁ (nga) んぎぃ (ngi) んぐぅ (ngu) んげぇ (nge) んごぉ (ngo)」を練習する。「ん」の声を出すときに、軟口蓋周辺に舌を当てるようにして、発声する。

＊これができるようになると、舌の動きはさらに滑らかになります。
さまざまな音程やスピードで練習してもらえればと思います。

次は、口の大きさの練習です。鏡を見ながら行いましょう。

❶顔は最奥で、軽くあごを引いて、
　軽く「ふー」と息を吐く。
❷そこからできるだけゆっくり、上あごだけを上に開けながら、「わあー」という。
❸いい続けて「あー」と発生できたらストップ。

　慣れてきたら、人差し指と中指で口角を持って、あごを引いている状態から、口角を上げながら、声を出すときに上あごと一緒に、顔が正面になるようにして声を出しましょう。

　この口の大きさをしっかりと、自分の身体に覚え込ませることが大事です。

　こんなに小さな口で言葉は発音できるのです。口の中をゆっくり作ることで、それは実現できます。

　同じように「い」「う」「え」「お」を行っていきましょう。

　ちなみに、下あごは何もしません。

　下あごが何かすると言葉が散らばり、息が漏れ、燃費の悪い車のような状態になります。

　口の中も柔らかく使えなくなり、滑舌が悪くなる原因になります。下あごは何もしないでリラックス。上あごを縦に開けて声を出すということを覚えましょう。

　そのときに使うのは、首です。首は完全なリラックスが求められます。完全にリラックスした首で、あごを引いて、顔を正面に起こします。この首の動きで、自動的に上あごが上がって、口が縦に開き、口角が上がれば、ベストな声が出せます。

　これで滑舌も完璧です。

声がこもる

　声がこもってしまうという悩みを抱えている方。
　おめでとうございます。とても良いことです。
　なぜならムダな力みがなく、リラックスしている場合が多いからです。

　さまざまな症状がありますが、息の量、口の開け方、口の中の作り方、子音と母音の発声法と共鳴腔の使い方を見直すと改善できます。
　この中のどれかが不十分なのか、すべてが不十分なのか、まずは確認テストをしてみましょう。

図表 4-2

どこの使い方を見直せばいい？

　50 音を発声したものを録音して、再生してください。自分の声を聞いて下記の当てはまるところにチェックを入れましょう。

1．お腹からの息がしっかりと直接軟口蓋に当たって
　　響いている

☐ ❶ まったく当たっていない
☐ ❷ 少し当たって響いている
☐ ❸ なんともいえない
☐ ❹ 当たって響いている
☐ ❺ 完璧に当たってぱかーんと響いている

＊①～③に当てはまった人は、息の量が不十分なため声が
　こもってしまっています。
　息の量のトレーニングをあらためて大切にじっくり行
　い、また録音再生をしてみましょう。

2．口周りに力が入らない適切な口の大きさで
　　聞きやすい声が出ている

☐ ❶ 口の力が抜けないし、声も聞きにくい

☐ ❷ 口の力は抜けているが、声は聞きやすくない
　　　or 口の力は抜けないが、声は聞きやすい

☐ ❸ なんともいえない

☐ ❹ 力は抜けて声は出ている

☐ ❺ 適切な口の大きさで、聞きやすい声が出ている

＊①〜③に当てはまった人は、口の開け方及び、口の中の
　作り方が不十分で声がこもってしまっています。
「表情筋」の項目を改めてじっくりと練習してください。
録画再生も忘れずにしましょう。
　このときにすぐに効果が感じられる場合と、まったく
効果が感じられない場合があります。
　声は後天的に作られている部分が多いのは最初に説明
しましたが、それはつまり、その人のクセでできている
ということです。
　弱いクセはすぐに治りますが、強いクセは治るまでに
時間がかかります。
　このクセを見つけることが良い声を作るための重要なパ
ラメーターです。クセを見つけたら大喜びして、それを改
善することにしっかりと時間を使いましょう。
　書き出して壁に張ったり、手帳に書いたりするのもい
いですね。

毎日のおしゃべりも重要なボイストレーニングです。
このときに、クセを意識的に治していくことで、あなたの声はクセのない素晴らしい声に生まれ変わります。

3．言葉によってこもり具合にばらつきがなく安定している

□ ❶ ほとんどの言葉がこもっている

□ ❷ いくつかの言葉がこもっている

□ ❸ なんともいえない

□ ❹ どの言葉もほとんどこもりを感じない

□ ❺ すべての言葉でまったくこもりを感じない

＊①〜③に当てはまった人は、子音と母音の発声法と、共鳴腔の使い方が不十分です。
「50音トレーニング」をしっかりと復習しましょう。その後録画再生を繰り返して、声のこもりを改善してください。

以上声のこもりの原因は、息の量、口の開け方、口の中の作り方、子音と母音の発声法と共鳴腔の使い方が不十分、などさまざまあります。

それぞれの項目ごとに自分なりに採点し、毎日記録し続けることで、段階的に必ず解決していきます。

焦らずじっくりトライしていきましょう。

声が上ずる

「声が上ずる」と悩んでいる方、おめでとうございます。

あなたの声帯は、高音を出すことができます。高音を出せない人もたくさんいる中で、上ずるような高音を出せることに、本当に感謝ですね。

改善方法はものすごく簡単なので、安心してください。

声の上ずりはイメージトレーニング×基本の三原則で解消できます。

声が上ずる原因はなんだと思いますか。緊張によるものがほとんどだと思います。

緊張すると、呼吸が浅くなり、上半身がガチガチになり、下半身がブルブル震えます。重心や気持ちが上にきて、声帯も緊張します。その状態で声を出すと、声が上ずってしまいます。

つまり、基本の三原則が守られていないのです。

「声が上ずる」原因は緊張だとわかったところで、緊張しないためにはどうすればいいのでしょうか。

先ほどの文章を読んで、緊張する場面を想像できた人は、結構多かったのではないでしょうか。

　今まで声が上ずった経験がある方は、そのときの状況をできるだけ具体的に思い出してください。いくつかあれば書き出しましょう。

　そして、そのすべての場面を思い浮かべながら、まずは上ずった声で話してみましょう。

　このイメージトレーニングのあとに、基本の三原則に忠実に、声を上ずらせないで話している自分をイメージしながら、話していくと、声の上ずりは段々と解消されます。

ビジネスで勝てる声に なるには

　今、私のボーカルスクールでは、「ビジネス・ボイストレーニング」レッスンが大好評です。

　皆さん、ビジネスにおける声の重要度を日に日に感じていると思います。

　正直、はっきりと自信を持った声で話す人がすすめる商品と、聞き取りづらく自信のない声で話す人がすすめる商品、どちらを買いたくなるでしょうか。

　ここまでくると、声は商品そのものです。営業成績は声で決まるといっても過言ではありません。

「この人にいわれると買っちゃうよなー」という営業マンがいませんか？

　その秘密は声です。

　逆に、商品が良くて雰囲気も良いのに、買う一歩手前で躊躇してしまう営業マンもいると思います。

　これも声が原因の場合がほとんどです。

　声の感じ方は本能的なものです。声はそれほど素晴らしいものなのです。

　商品にもよりますが、人は商品を買いたいのはもちろん、

商品をすすめる人を信頼するという意味で、お金を払うことも多いです。

　商品とともに、それを売る人にもお金を支払っているということです。

　その人を信頼できるか、これは五感で決めますが、声の要素がものすごく大きくなるのです。

　話す内容と声には人間性がすべて出ます。ここで、人に信頼されるかが決まります。

　この信頼される声に必要なのは、メンタル×フィジカル×テクニックのすべてです。

　この本をここまでお読みいただいている方は、すでにビジネスで勝てる声になっています。

マスクは「強制ギプス」

マスクは通る声を出すための矯正ギプスです。

p146 でも書きましたが、私はマスクが大好きです。

マスクをしているときの方が、声も出しやすいです。マスクをしていると出しにくい人は、じっくり読んでみてください。

まず、大きな口を開けて、顔の前に、息を思いっきり吐いて出す発声は間違っています。

むしろ、後ろに響かせるイメージで発声しないといけません。マスクをしているとこの間違った発声をするのがとても難しくなり、はからずとも通る声を出すための矯正ギプスになるのです。

それではこの〈通る声の矯正ギプス〉で、どのように声を出せばよいのでしょうか。

まずは口を小さく開けます。口を小さく開けることで、口周りの力が抜けると同時に、お腹からの息が軟口蓋に当たりやすくなり、より通る、響く声を発声することができます。

さらに、しっかりと言葉を聞き取れる声にするのが、口の中の使い方です。以前お話したように言葉は口の中で作ります。

マスクによって、口の中できれいな言葉が作れるように矯

正されていくのです。

　そして、顔の前には〈マスク〉という壁がありますから、後ろに響かせるしかありません。これで響きの方向も矯正されます。

　では、ハミングをしながら、マスクを使っているときの自分の声の響きを確認しましょう。低音や高音も出して、響きの位置がどのように動いていくのかも確認しましょう。

　次に、できるだけ小さく口を開けて、口の中できれいな言葉を作る練習をしましょう。これを録音再生して、精度を高めていきましょう。

　うまくできるようになると、鼻腔・口腔・咽頭腔等のすべての共鳴腔からマスクまでがホールとなり、声がどんどん響くようになります。

　今までのトレーニングを実践している皆さんであれば、ご理解いただけると思います。

　さて、注意点ですが、マスクは慎重に選びましょう。毎日いろいろなマスクを使うよりは、自分に合ったマスクを選びましょう。

　１つのマスクに決まれば、できるだけ同じものを毎日交換しながら使い続けましょう。

　自分に合ったマスクこそが最強の「通る声」矯正ギプスです。

マスク＆リモートワーク
全盛の今、心がけたいこと

「声」がより重要視されるのは、マスク＆リモートワーク全盛の今です。

なぜ、今、声がより重要視されるのでしょうか。

これからの時代マスクは必須アイテムとなります。

今まで聞き返されていた人は、今まで以上に言葉が伝わらないでしょう。

何度も聞き返されます。

でも、聞き返されるだけならまだいいのです。

最悪なのは、聞き取れてないのに、聞き返さずに相手がうなずいてしまう状態です。

皆さんも経験ありませんか。

相手の話が聞き取れないことが続くと、

── この人の話は聞こえているふりをしておこう

── とりあえず相手と同じ顔して、うなずいておこう

となってしまいます。

外国語がわからないのに、わかったふりをしたりするのと同じです。

相手の顔を見ながら、だいたいこんな話だろうと想定して、聞いたふりをすることもあります。

　これからはマスクで、口が見えない時代です。
「笑っているから、だいたいこんな話だろう」や「怒っているから、だいたいこんな話だろう」と想像するのも難しくなります。

　ですから、まさに、「声」が重要なのです。
　口が見えない時代に重要なのは、本当に「聞き取りやすい声」なのです。
　繰り返しになりますが、丁寧に相手に伝わるように声を出すということは、人への思いやりです。

　昨今、会議などもリモートで行う時代になりました。私は、昨年より、すべてのレッスンをリモートに切り替えました。
　朝にはアメリカのニューオリンズに住む人とレッスン、その後午前中にタイの人のレッスンをして、香港、マレーシア、ジョージア、インド、夜にはドイツの人のレッスン、というように1日をこなしています。
　これは、リモートでレッスンできる時代でなければ、考えられなかった、大きな革命です。
　国内はもちろんのこと、海外の人たちと、リモートで、家からまったく外に出ずに、コミュニケーションできてしまうのです。

　もし、私がアメリカやタイ、香港、マレーシア、ドイツに行ってレッスンをしてたら何日かかっていたでしょう。

時間もお金も体力も奪われて、相当なレッスン料になっていたでしょう。

　これからの時代、リモートに強くなればなるほど、仕事がはかどり、やりたいことや、夢、自分の成長に近づいていけます。

　そのときに大事なことの１つは、やはり相手に感謝を伝える、相手を尊重する、相手を喜ばせる、相手を感動させる「声」です。

　通信環境によっては、画面が不安定な場合もあり、その場合は「声」の役割がどんどん上がっていくでしょう。

　リモートはリアルに会うことと比べると、やはり圧倒的に情報量が少ないです。

　その分を声で埋めるしかありません！

　圧倒的に少ない情報量を声によって何倍にも高めて、実際リアルで会ったときよりも、数倍の効果を出すのです。

　私の仕事はボイストレーナーです。

　リアルで対面レッスンをやっているころより、リモート（オンライン）になってからの方が、数倍人気になって、忙しくなりました。

　なぜなら、リモートの方が先にも触れたように移動せずに済み、なおかつ遜色なくレッスンの成果が出せるからです。

　コロナ禍以前に対面レッスンをしていた生徒さんに、

「コロナ禍が収束しても、対面レッスンじゃなくて、オンラ

インレッスンを希望しますか？」

　と、アンケートを行ったら皆さん100％オンラインレッスンを希望されました。

　なぜでしょう。

　対面と遜色なく、リモートでも結果が出たうえ、今後はリモートが打ち合わせの主軸になっていくと皆さん見込まれたからではないでしょうか。

　もともと「声」のレッスンに通う方は、傾向としていろいろな感度が非常に高いです。

　今後も続くというよりも、主流になるであろうリモートへの対策へ、いち早く舵取りをし、その無限大の可能性に気づいたのでしょう。

　今の時代、結果が求められています。

　時流や運に左右されがちな会社名や役職名よりも、「何をしたか」「どんな実績があるか」の方を重要視する傾向が、感度の高い人の間では顕著になっています。

　その方法や手段の１つとして、リモートが重要視され、さらに「声」で左右されるということを身に染みて感じています。

　リモートを制するものが、結果を出せる。

　そのリモートには「声」が何より大事。

　その点に、１秒でも早く気づけた人が、結果を手にできます。

声で年収がわかります！

　声の悩みがあることをいやだなと思っていないでしょうか。

　いえいえ、声の悩みはあった方が良いのです。

　それは、耳が良い証拠であり、センスが鋭いということになります。

　私のレッスンにいらっしゃる方々には、いわゆる成功されている方や、魅力的な人間性を持った方が多い印象があります。

　もちろん、そもそも「声にお金をかけられる」ということもあると思います。高年収でさまざまなものを手に入れているからこそ、磨く意識が強く、声も磨くのです。

　声に無頓着でいられない人は、年収が高いという傾向があるようです。

　私は、25年間にわたって1万人以上の声を聞く仕事をしてきたことで、声を聞くだけで、その人の年収が分かるようになりました。

　とくに、私のレッスンの場のような、いわゆる「よそ行きの場面」では、皆さん年収に合った声で発声されています。

その判断基準は、〈声質と語尾〉。
　年収は〈声質と語尾〉に現れます。

　年収が高い人は、基本的に声質にムダな力やムリがなく、落ち着いています。
　そして、語尾には、人に対する気遣いや丁寧さが生まれます。

　逆に年収の低い人は、声質にムダな力やムリがあり、日常生活も不規則です。
　語尾は荒っぽかったり、雑であったりします。

　悩むのは良いことです。無頓着が一番 NG です。
　声に悩んでいるのは、高年収になれる証拠です。
「声の悩みはあった方が良い」と思いましょう。

　皆さん「自分の声」は好きになれたでしょうか。

　本書が「〈自分の声を大好きになってもらう〉ために書かれている」というのは、プロローグからいい続けてきました。

　実は私も自分の声は嫌いでした。

　たくさんの人に批判されたこともありました。

　プロの歌手ですら、自分の声が嫌いだったという方も多いのです。

　有名な俳優さんやタレントさん、声優さんにも、自分の声にコンプレックスを抱えたことから、スタートしている方が大勢いらっしゃいます。プロローグで紹介した、成果を残された方の中にも、「自分の声が嫌いで仕方がない……」とおっしゃっていた方もいらっしゃいます。

　ではなぜ、プロとして声の仕事ができているのでしょうか。

　成果を出せているのでしょうか。

　自分の声は今でも嫌いなのでしょうか。

　——答えは「自分の声」を無償の愛で愛したのです。大切に育ててあげたのです。磨いてきたのです。

　世界で１つだけの自分の声です。十数億円もするバイオリ

ンと同じ価値です。

いやもっとかもしれません。

世界で1つだけの声なのですから。

皆さんが人生で一番嬉しかったことは何でしょうか。

一番楽しかったことは何でしょうか。

自分が一番輝いていたのは、どんなときだったでしょうか。

これから夢が実現したら、どんなワクワクが想像できるでしょうか。

そこには、必ず「声」があります。

あなたを称賛する声、ほめたたえる声、一緒に喜びを分かち合う声、家族からの声援、人に愛を伝える声、自分の「やったー」の声、達成感のある声、自信に満ち溢れた声、大きな笑い声。

この声があるから人生があります。

人を愛することができます。

自分を愛することができます。

声には人生を変える力がある！

声（言葉）は人間唯一のものです。

あなたの声は、世界で1つあなただけのものです。

この声で、あなたの人生は作られています。

声は人生を豊かにしあわせにしてくれます。
　「声」に関して、今までの価値観は変わったでしょうか。

　この本を読むことで、日に日に自分の声が好きになっても
らえれば、こんなに嬉しいことはありません。
　そして、そんな魔法をあちこちにちりばめておきました。
　声は何歳からでも生まれ変わることができます。
　今日からはじめていけば、あなたの声も人生も、より豊か
になっていくでしょう。
　もう声の重要性は理解していただいたでしょうから。
　あとは、今から1秒先の自分の声を前向きに受け取め、
一生のパートナーとして付き合ってください。

　大切にしていきましょう。
　磨いていきましょう。
　愛していきましょう。
　好きになってあげましょう。

　今、あなたの心は声にフォーカスが当たっています。
　ここまでお読みいただいて、声のことをこんなに考えてく
れています。

　本当に感謝します。
　——あなたの声からの気持ちです。

　これだけ一緒にいるので、これだけ考えてくれているので、私はあなたが大好きです。
　——あなたの声からの気持ちです。

　ぜひ、自分の声を大好きになってください。
　世界に1つだけの声ですから。
　これからもずっと一緒に過ごしていきましょう。

　世界で1つだけのあなたの本当に素敵な声に乾杯。
　この声に出会えたこと、この本に出会えたことに乾杯。

　そして、ぜひ、一度あなたのその素敵な声が聞きたいです。素敵なあなたと仲良くなりたいです。
　声によって、本書を通じて、私はあなたと出会うことができました。人との出会いで人生は変わります。
　1つ1つの出会いを大切にしていくために、出会ってくれたすべての人に最高のあなたの声を届けられるように、一番大切なこと、それが、

「自分の声を大好きになる」

株式会社エートゥーナンバーレコード　代表取締役
ATO ボーカルスクール　代表

田中直人

著者紹介

田中直人 (たなか・なおと)

株式会社エートゥーナンバーレコード　代表取締役
ATO ボーカルスクール代表
一般社団法人オンラインボイトレ振興会　理事長

　日本大学芸術学部在学中の21歳のときに、自身が人気講師をつとめていた音楽スクールの「お金儲けが最優先」という経営方針に疑問を抱き、所持金2万円かつ6畳一間のアパートにて、日本初の音楽スクール＆レーベル「AtoNO Records」（現・株式会社エートゥーナンバーレコード）を設立。

　スクール＆レーベルという「AtoNO Records」のコンセプトに加え、自身が将来音楽家になるために、授業以外の時間はすべて働いて貯めたお金をつぎ込んでそろえたレコーディングスタジオの機材で、オリジナル曲を一緒に作って、良い音でレッスンできることも売りになり、2年目には50名以上の生徒が通う人気スクールに。その後、口コミで噂が広がり、瞬く間に教室が拡大。

　これまで、〈アナウンサー〉〈声優〉〈DJ〉〈歌手〉をはじめ、いわゆる「大御所」「先生」と呼ばれるような歌い手や、近年では〈You Tuber〉など、プロからアマチュアまで、1万人以上の〈声〉をトレーニングした実績を持っている。

　プロへの夢をつかんだレッスン生も少なくなく、その指導年齢層も2歳から90歳を超える人までと、幅広い。

　2020年のコロナ禍に際して「すべては生徒さんの笑顔のために」をもう一度深く考え、オンラインレッスンに特化すると決断。

〈テレビ〉〈ラジオ〉などのメディア出演多数。
「たーなー先生」の愛称で信用信頼を一心に受けている。

この1冊で「滑舌が悪い」「こもる」「早口」「よく噛む」etc……がなくなる！

相手に「伝わる声」の出し方　〈検印省略〉

2021年　6　月　16　日　第　1　刷発行

著　者──田中　直人 (たなか・なおと)

発行者──佐藤　和夫

発行所──株式会社あさ出版

〒171-0022　東京都豊島区南池袋 2-9-9 第一池袋ホワイトビル 6F
　　　　電　話　03 (3983) 3225 (販売)
　　　　　　　　03 (3983) 3227 (編集)
　　　　F A X　03 (3983) 3226
　　　　U R L　http://www.asa21.com/
　　　　E-mail　info@asa21.com

印刷・製本　(株)シナノ

note　　　http://note.com/asapublishing/
facebook　http://www.facebook.com/asapublishing
twitter　　http://twitter.com/asapublishing